図解

財務3表の
つながり
でわかる
会計の基本

國貞克則

ダイヤモンド社

まえがき

　本書は、会計の勉強をしたことがない人、会計の勉強を途中であきらめてしまった人のために書いた本です。

　これまで多くの人が会計（複式簿記会計）の理解に苦しんできました。そういう私も例外ではありません。会計を勉強しようとすると「貸方(かしかた)」「借方(かりかた)」という言葉が出てきます。この言葉の意味がまず理解できません。「貸方」「借方」といった簿記・仕訳のルールや、売掛金(うりかけきん)・受取手形といった勘定(かんじょう)科目についての学習から入ると、会計の勉強がどうしてもイヤになってしまいます。

　そのため私は、会計の初心者のために、会計の全体像と基本的な仕組みを効率的に理解できる、全く新しい勉強法を開発しました。そのポイントは、**財務３表のつながりから会計の仕組みを理解する方法**です。財務３表といわれる損益計算書（ＰＬ）、貸借対照表（ＢＳ）、キャッシュフロー計算書（ＣＳ）を一体にして勉強することによって、複式簿記の仕組みが簡単に理解できます。

　この勉強法の有効性はすでに証明されています。2007年に出版した拙著『財務３表一体理解法』（朝日新書）は、すでに40万部が印刷されています。本書は、その方法を発展させて、財務３表を１ページにまとめて表記したり、説明内容をさらに簡潔にするなどの工夫を加え、よりわかりやすく解説したものです。

　本書にはもう１つ、大きな特長があります。それは、私たち会計の専門家ではない人が、財務３表から会社の状況を分析するための有効な手立てを紹介していることです。それは、**ＰＬとＢＳを同じ縮尺で図式化して分析する手法**です。

私たち人間は、デジタルデータよりアナログデータのほうが多くの情報を瞬時に直感的に把握することができます。例えば、いま何時かを見るときに、デジタル時計だと○×時△□分という４つの数字を読まないと時刻はわかりません。しかしアナログ時計であれば、長針と短針の角度から瞬時に時刻を読み取ることができます。**財務３表の数字を図式化するとは、まさにデジタルデータをアナログ変換すること**なのです。
　この図解分析の有効性もすでに証明されています。2009年に出版した拙著『財務３表一体分析法』（朝日新書）は、これまでに10万部以上が印刷されています。本書では、ＡＮＡ（全日本空輸）とＪＡＬ（日本航空）、ソニーとグーグル、アマゾンとイオンといった実際の企業の決算書をもとに、その要点を簡潔に説明しました。

　本書は2007年に出版された『超図解「財務３表のつながり」で見えてくる会計の勘所』（ダイヤモンド社）の増補改訂版です。
　PART１とPART２は初版の説明を部分的に修正しました。PART３の分析編は全面的に書き直し、新たにPART４として「管理会計」「事業再生」「企業価値評価」などについての基本的な考え方を加筆しました。この１冊で私が提案する会計勉強法の要点を効率よく学んでいただけると思います。
　前置きはこれくらいにして、さっそく新しい勉強法で会計の勉強を始めていきましょう。

目次

まえがき ... 1

PART 1
会計の基本的な仕組みを理解しよう ... 11

1-01 そもそも財務3表は何のためにあるのか？ ... 12
図表1-1　財務3表は何を表しているのか？

1-02 なぜ会社は家計簿のような収支計算書を使わないのか？ ... 15
図表1-2　PLを収支計算書の感覚で見てはならない

1-03 収支計算書と複式簿記の帳簿はいったい何が違うのか？ ... 17
図表1-3　PLとBSの関係
図表1-4　複式簿記の仕訳

1-04 損益計算書（PL）の5つの「利益」とは何か？ ... 20
図表1-5　損益計算書（PL）
図表1-6　3つの収益と5つの費用

1-05　貸借対照表（BS）はなぜ左右がバランスするのか？ ……… 26
　　　図表1-7　貸借対照表（BS）
　　　図表1-8　PLとBSの時系列的なつながり

1-06　「債務超過」とは会社がどんな状態に
　　　　なっていることか？ ……… 31
　　　図表1-9　貸借対照表（BS）を図にしてみよう

1-07　「勘定合って銭足らず」とはどういう意味か？ ……… 35
　　　図表1-10　PLの利益と現金の関係

1-08　キャッシュフロー計算書（CS）では
　　　　何を見ているのか？ ……… 39
　　　図表1-11　キャッシュフロー計算書（CS）

1-09　PLとBSからキャッシュフローを計算するには？ ……… 42
　　　図表1-12　直接法と間接法

1-10　会計を理解するには簿記を勉強するしかないのか？ ……… 45
　　　図表1-13　新しい会計の勉強法

PART 2
「財務3表のつながり」がわかれば会計の全体像が見える　49

2-01　PL、BS、CSはどうつながっているのか？　50
図表2-1　財務3表の5つのつながり

2-02　会社を設立して銀行から借入をするとPLに変化はあるのか？　54
図表2-2　資本金50万円で会社を設立するとこうなる！
図表2-3　運転資金200万円を借入するとこうなる！

2-03　事務用品の購入とコンピュータの購入では会計上何が違うのか？　58
図表2-4　事務用品10万円分を現金で購入するとこうなる！
図表2-5　コンピュータ40万円分を現金で購入するとこうなる！

2-04　現金で商品を仕入れて現金で販売すると、財務3表のどこが動く？　62
図表2-6　商品30万円分を現金で仕入れ、60万円を現金で販売するとこうなる！

2-05　買掛で商品を仕入れて売掛で販売すると、財務3表はどうなる？　64
図表2-7　商品200万円分を買掛で仕入れ、400万円を売掛で販売するとこうなる！

2-06 買掛金を支払い売掛金を回収しても、PLは変化しない? ……68

図表2-8 買掛で仕入れていた商品代金200万円の支払いをするとこうなる!

図表2-9 売掛金400万円のうち300万円を回収するとこうなる!

2-07 借入金の元金の支払額は、PLのどこに表れるのか? ……74

図表2-10 短期借入金200万円の返済と利息10万円の支払いをするとこうなる!

2-08 費用なのに資産になる?「繰延資産」とはどんなものか? ……78

図表2-11 創立費30万円を計上するとこうなる!

2-09 「棚卸しによってその期の利益が増える」とはどういうことか? ……80

図表2-12 売上原価の計算

図表2-13 棚卸しによる在庫10万円分を認識するとこうなる!

2-10 「費用計上しても現金が出ていかない費用」とは何のこと? ……84

図表2-14 減価償却の考え方

図表2-15 減価償却費10万円分を計上するとこうなる!

2-11 法人税はいつ支払うのか? ……88

図表2-16 法人税等80万円を計上するとこうなる!

2-12　配当金を支払うとはどういうことなのか？　　90
　　　図表2-17　配当とは何か
　　　図表2-18　会社法施行による純資産の部の変化

2-13　「株主資本等変動計算書」とは何か？　　95
　　　図表2-19　株主資本等変動計算書
　　　図表2-20　「株主資本等変動計算書」が必要な理由
　　　図表2-21　株主資本等変動計算書（縦形式）

PART 3
財務3表で会社の状態を読み解いてみよう　　99

3-01　そもそも財務3表から何を読み解けばよいのか？　　100
　　　図表3-1　事業の全体像
　　　図表3-2　事業全体のプロセスをPLとBSで表す

3-02　なぜ会計の専門家はCSを重視するのか？　　108
　　　図表3-3　CSの8つのパターン

3-03　PLとBSを図にすると、なぜわかりやすいのか？　　111
　　　図表3-4　ANAのPLとBS（2014年3月期）
　　　図表3-5　BSの図から安定性を読み解く

3-04 あの有名企業の財務3表はどうなっているのか？
(1) ANAとJAL 118

- 図表3-6　ANAとJALの比較（2009年3月期）
- 図表3-7　JALの2009年3月期と2014年3月期の比較
- 図表3-8　ANAとJALの比較（2014年3月期）

3-05 あの有名企業の財務3表はどうなっているのか？
(2) ソニーとグーグル 127

- 図表3-9　ソニーとグーグルの比較（2013年度）
- 図表3-10　「のれん」が発生するときのBSの変化
- 図表3-11　ソニーとグーグルのCS比較

3-06 あの有名企業の財務3表はどうなっているのか？
(3) アマゾンとイオン 134

- 図表3-12　アマゾンとイオンの比較（2013年度）
- 図表3-13　アマゾン、IBM、イオン、トヨタ自動車のCS比較
- 図表3-14　A社がB社の株式を取得する場合
- 図表3-15　A社が自己株式を取得する場合
- 図表3-16　アマゾンとイオンの売上高推移

PART 4
会計を現場で使うための基本的な考え方を学ぼう …… 143

- **4-01　財務会計と管理会計はそもそも何が違うのか？** …… 144
  - 図表4-1　財務会計のPL
  - 図表4-2　組み替え後のPL
  - 図表4-3　売上高が10％アップした場合のPL
  - 図表4-4　営業利益が「0」になる場合のPL
  - 図表4-5　営業利益が30万円になる場合のPL

- **4-02　損益分岐点分析とは何か？** …… 151
  - 図表4-6　損益分岐点分析図
  - 図表4-7　損益分岐点を順序立てて理解する

- **4-03　会社を立て直すにはどのような順番で手を打てばよいのか？** …… 155
  - 図表4-8　財務会計の図を使って事業再生案を考える

- **4-04　会社の値段はどのように計算されるのか？** …… 159

- **4-05　「売上」と「利益」だけではなぜダメなのか？** …… 162

あとがき …… 165

PART 1
会計の基本的な仕組みを理解しよう

会社は、「お金を集めて」「何かに投資し」「利益をあげる」という活動をしています。この活動を数字で表したものが、損益計算書（ＰＬ）、貸借対照表（ＢＳ）、キャッシュフロー計算書（ＣＳ）という財務3表になります。財務3表の特徴を見ていきましょう。

PART 1-01

そもそも財務3表は何のためにあるのか？

　そもそも、財務3表——損益計算書（PL）、貸借対照表（BS）、キャッシュフロー計算書（CS）は何のためにあるのでしょうか。財務3表は、会社の状況を外部の人に正しく知らせるためにあります。つまり、財務3表を使って会社の状況を知らせるということなのですが、では会社の何を知らせればよいのでしょうか。

　会社が行っている基本活動は、どんなに業種が違おうとどの会社も同じです。それは、**「お金を集めて」「何かに投資し」「利益をあげる」という3つの活動**です。この3つの基本活動を、財務3表を使って説明しているのです。

　一般のビジネスパーソンは「お金を集める」というところにはあまりかかわっていませんからピンとこないかもしれませんが、会社は資本家や銀行からお金を集めて事業をスタートします。

　製造業は集めたお金を工場に投資し、工場で生産した製品を販売して利益をあげます。商社は販売する商品に投資し、それを売って利益をあげます。私のようなコンサルタント業は事業のスタートに当たってあまり多くのお金を必要としませんが、事務所にはコンピュータもありますしFAXもあります。これらの事務機器にお金を投資し、それらを使って利益をあげているのです。

　図表1-1は、財務3表が何を表しているのかを示したものです。

　まず貸借対照表（BS）ですが、BSが右側と左側に分かれていることはみなさんご存知でしょう。ここでは、右側が**「どのようにお金を集めてきたか」**を、左側が**「その集めてきたお金を何に投資しているか」**

図表1-1 財務3表は何を表しているのか？

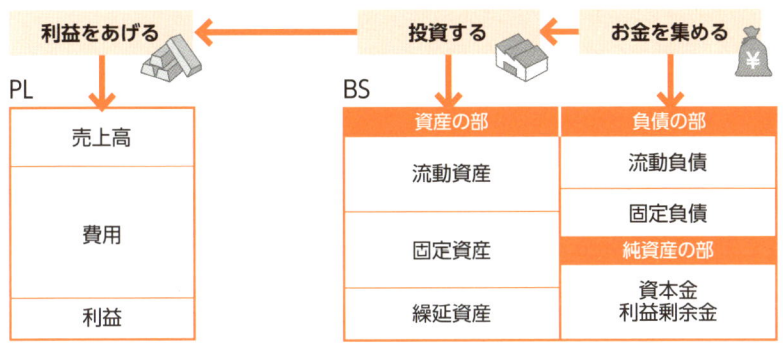

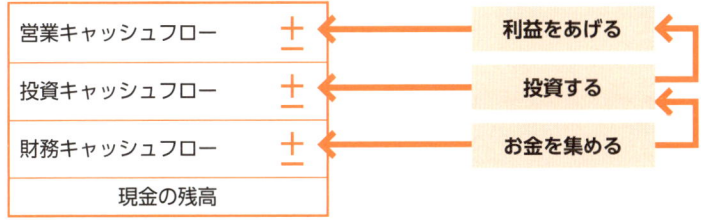

を表しています。

　そして損益計算書（PL）が、**「どのくらい利益をあげているか」**を表しているのです。

　キャッシュフロー計算書（CS）は、**会社の現金の動きを表す「会社の家計簿」のようなもの**です。その中身は3つの欄に分かれています。上から「営業活動によるキャッシュフロー（営業キャッシュフロー）」「投資活動によるキャッシュフロー（投資キャッシュフロー）」「財務活動によるキャッシュフロー（財務キャッシュフロー）」です。

　そしてこのCSも、「財務キャッシュフロー」が「お金を集める」、「投資キャッシュフロー」が「投資する」、「営業キャッシュフロー」が「利

益をあげる」という、会社の3つの基本活動を「現金の動き」という観点から説明したものなのです。

　いまここに年間10億円の利益をあげている会社があったとします。この会社はスゴイ会社でしょうか、スゴクない会社でしょうか。私はボナ・ヴィータ コーポレーションという零細企業を運営していますが、この零細企業が例えば1年間に10億円の当期純利益をあげていれば、これはスゴイと言っていいでしょう。しかし、例えばトヨタ自動車が1年間に10億円の当期純利益ではだれも満足しないでしょう。

　利益が多いか少ないかだけでは会社は評価できないのです。**利益をあげるためにどれだけの投資をしているか、その投資を行うためにどうやってお金を集めているか**、という事業全体のプロセスがわからなければ会社の評価はできません。この事業全体のプロセスが、ＰＬとＢＳとＣＳで表されているわけです。

PART 1-02

なぜ会社は家計簿のような収支計算書を使わないのか？

　では、なぜ会社の状況だけが財務3表を使って表されるのでしょうか。
　私たちが日常生活で目にするお金に関する表は、そのほとんどが収支計算書です。収支計算書は読んで字のごとく、収入と支出、そしてその差し引きである残高を表したわかりやすい表です。**図表1-2**のように同窓会も町内会も多くの地方自治体も、その団体のお金の状況はふつう収支計算書で表されます。家計簿も収支計算書ですね。
　なぜ、この収支計算書で会社の状況を表さないのでしょうか。

図表1-2　PLを収支計算書の感覚で見てはならない

お金の「入り」と「出」を表す表

自治会（町内会など）の収支計算書	（単位：円）
収入	
自治会費	500,000
預金利息	50
収入合計	500,050
支出	
文具	10,000
広報費	5,000
会議費	50,000
美化運動	100,000
市民体育祭	100,000
防災・防犯活動	20,000
区長活動費	30,000
備品購入費	100,000
弔慰金	20,000
支出合計	435,000
収支残高	**65,050**

家計簿	（単位：円）
収入	
お父さんの給料	400,000
お母さんのパート代	100,000
収入合計	500,000
支出	
食費	70,000
日用雑貨	20,000
水道光熱費	20,000
ガソリン代	10,000
通信費	30,000
教育費	70,000
交際費	30,000
お父さんの小遣い	30,000
生命保険料	20,000
住宅ローンの支払い	150,000
税金	30,000
支出合計	480,000
残高	**20,000**

それは、残念ながら収支計算書だけでは、社外の人がその会社について知りたい**「お金を集めて」「何かに投資し」「利益をあげる」という、会社の3つの基本活動を正しく表せない**からなのです。

　収支計算書の1つである家計簿を例にとって説明してみましょう。

　家計簿には住宅ローンの支払額が支出の項目に載ってはいますが、住宅ローンの支払額だけでは「その家庭がどのくらいの規模の住宅を保有していて、どれくらいの額の住宅ローンを抱えているか」はわかりません。つまり「1億円の邸宅を持っていて7000万円の住宅ローンを35年の返済期間で支払っているのか」、そうではなくて「3000万円のマンションを保有していて、2000万円の住宅ローンを10年で支払っているのか」までは家計簿ではわからないということです。

　これと同じように、**「いま現在、その会社がどれだけの資産を持っていて、どれくらいの借金があるか」**は、収支計算書だけでは説明する**ことができない**のです。会社の状況を表すのに収支計算書を使わないのは、そういう理由があるからです。

PART 1-03

収支計算書と複式簿記の帳簿はいったい何が違うのか？

　そこで現れたのが複式簿記というものです。簿記とは、帳簿に記帳するという意味です。収支計算書は1つの取引を現金の動きという側面でしかとらえていません。ところが**複式簿記では、1つの取引を2つの側面でとらえて（つまり複式）、帳簿に記帳していきます。**

　もう少し詳しくいうと、2つの側面から1つの取引をとらえて、それを図表1-3のように「資産」「負債」「純資産」「収益」「費用」の5つに分類して記帳していくのです。

　図表1-4を見ながら、複式簿記の記帳のしかたを説明しましょう。

　100万円を会社が借り入れたとしましょう。そうすると、①「100

図表1-3　PLとBSの関係

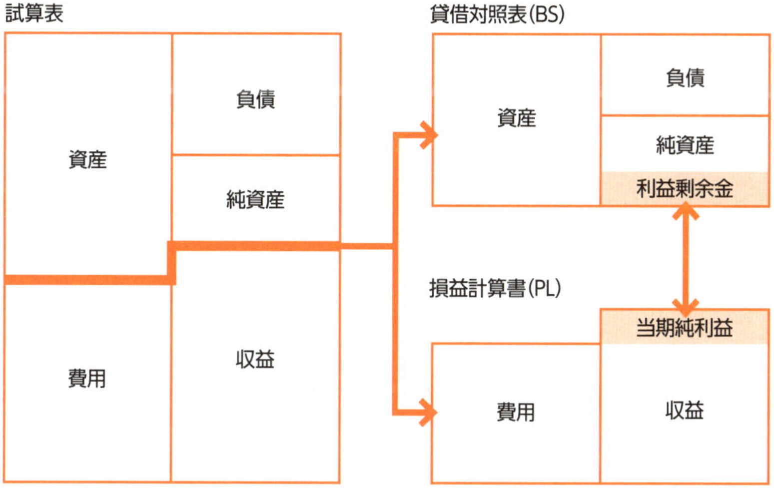

試算表

資産	負債
	純資産
費用	収益

貸借対照表(BS)

資産	負債
	純資産
	利益剰余金

損益計算書(PL)

| 費用 | 収益 |
| | 当期純利益 |

PART1　●　会計の基本的な仕組みを理解しよう　17

図表1-4　複式簿記の仕訳

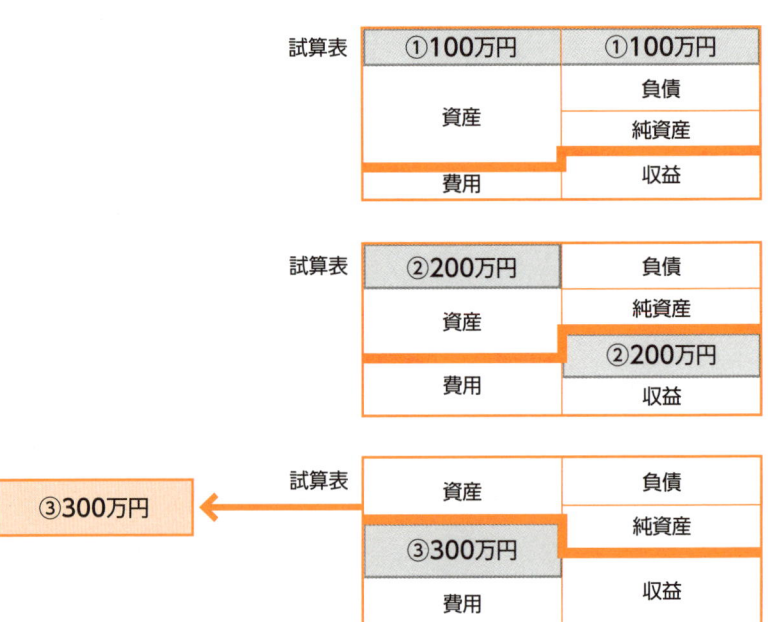

万円」が左側の現金としての資産の項目と、右側の負債の項目にそれぞれ記帳されます。200万円の現金売上があった場合は、②「200万円」が左側の現金という資産と右側の収益にそれぞれ入ります（収益とはここでは売上のこと、と理解しておいてください）。300万円の商品を現金で仕入れた場合は、③現金300万円が出ていき（現金としての資産が少なくなる）、その出ていった分の「300万円」が左側の費用に計上されます。そして、この5つに分類して記帳された表のことを「試算表」といいます。

　この試算表は常に右側と左側の合計が一致します。それは右側が「会社がどのようにしてお金を集めてきたか」を表し、左側は「その集めて

きたお金がどのように使われたか」を表しているからです。つまり右側は、会社に入ってきたお金の総額を表していて、左側はそのお金がいま社内にどのような形で存在するか（資産）と、会社の外に出ていったお金（費用）を表しているのです。この試算表は常に右側と左側がバランスするようになっているというより、右側と左側がバランスするように帳簿に記帳する決まりにしたのが複式簿記の基本的な仕組みなのです。

そして、**図表1-3**をもう一度見ていただくとわかるように、この**試算表を上下にパカッと分けると、上がBSで下がPLになっている**のです。そう、実は**PLとBSはつながっている**のです。このことをよく理解しておいてください。

つまり、複式簿記はPLとBSを作るためにあり、そのPLとBSの元となる試算表を作るために、1つの取引を2つの側面から見て、どのように「資産」「負債」「純資産」「収益」「費用」の5つに分類すればよいかの決まりが仕訳のルールなのです。

ですから仕訳については、私たちは細かいルールをすべて覚える必要はなく、この基本的な考え方さえわかっていればよいのです。

PART 1-04

損益計算書（PL）の5つの「利益」とは何か？

　さて、ここから財務3表の1つひとつについて詳しく説明していきます。

　まずはPLです。PLとは損益計算書、英語でProfit and Loss Statementといいます。略してPLです。PLは、会社の事業活動による損と益を計算したものです。

　PLの損と益は「収益」から「費用」を差し引いて計算されるのですが、**この収益と費用にはいろいろな種類があり、利益にも5つの種類があります**。こういうと、とても複雑に感じるかもしれませんが、順を追って理解すれば会社の利益の構造がよくわかります。

　会計の初心者は、「PLには5つの利益があり、その5つの利益の間に何があるか」だけを覚えてください。22ページの**図表1-5**の説明だけだと無機質すぎるかもしれませんので、具体的な商売を例にとって説明していきましょう。

　北イタリア特産のグラッパというお酒があります。ワインをつくるときに出るブドウの搾りかす（ブドウの皮や種など）から蒸留されるお酒です。その昔、お金持ちたちは高価なワインやそのワインを蒸留したブランデーを飲んでいましたが、自分たちが育てたブドウでできたワインやブランデーを飲めない農民たちが、後に残ったブドウの搾りかすを使ってつくったのがグラッパなのです。

　さて、これからの会計の説明は、みなさんが自分の会社を設立し、北イタリアのいくつかの農場からグラッパを仕入れてインターネットで販売するというモデルを使って進めていきます。

余談になりますが、複式簿記は15世紀に北イタリアのベニスの商人たちがつけた帳簿から始まったといわれています。グラッパも北イタリアが原産ですから、その当時グラッパの商売も複式簿記で記帳されていたかもしれませんね。

PLに表れる5つの「利益」

　では、PLの説明に戻りましょう。
　図表1-5のようにPLの一番上にくるのが「売上高」、グラッパの売上総額です。その下には「売上原価」がきます。売上原価とは「売上高」を作るために使ったグラッパの仕入額です。
　この本ではグラッパを仕入れて販売するという、会計的には比較的簡単な小売業のモデルで説明していきます。製造業の場合は、この売上原価の中に工場の製造部門で働く人の人件費などが入ってくるのですが、製造業の話をしていくと原価計算などの説明が必要になり、会計の初心者にとっては少し難しくなりすぎますので、この本では触れません。
　PLには5つの利益があることを覚えてくださいと言いましたが、**売上高から売上原価を引いた①番目の利益が、会計的には「売上総利益」といわれる利益**です。一般的には「粗利」と呼ばれています。
　売上総利益（粗利）の下にあるのが「販売費及び一般管理費」です。グラッパの販売という本業の営業活動にかかわるすべての費用がここに入ります。営業マンの人件費、イタリアに出張するための交通費、その他通信費や事務用品費などです。もし事務所を借りていれば、事務所の賃借料などもここに入ります。会社が大きくなっていて、総務や経理などの本社部門を持っていれば、この本社部門の人たちの人件費や通信費などもこれに含まれます。要するに、営業部門・本社部門を含めてグラッ

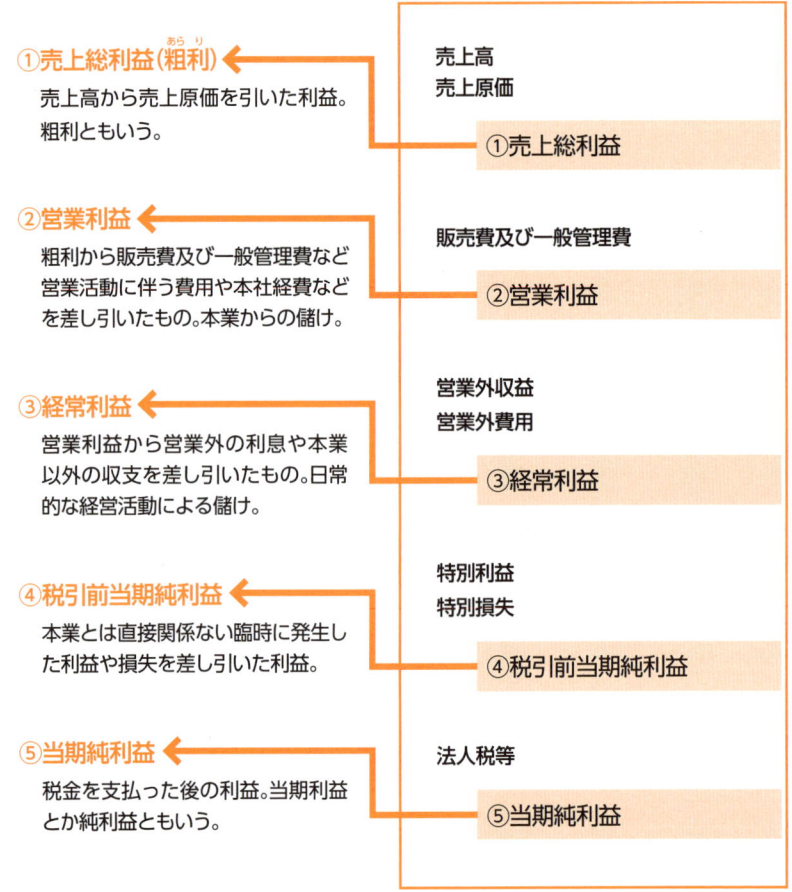

図表1-5　損益計算書（PL）

パ販売という営業活動にかかわるすべての費用が販売費及び一般管理費です。

売上総利益（粗利）からこの販売費及び一般管理費を引いたものが、②番目の利益である「営業利益」です。読んで字のごとく、グラッパ販売という営業活動によって獲得した利益です。

営業利益の下にあるのは、営業外の収益や費用です。この辺から日頃ＰＬを見ていない人は混乱してくるのですが、営業利益の下にくるのは当然営業外のものです。営業外というのは、あなたの会社が株式を保有していて、その株式から配当があった、というようなことです。あなたの会社の本業は株式の売買ではありませんから、このような本業以外にわずかばかり入ってくる収益が営業外の収益なのです。

　また、お金の貸し借りに伴う利息はすべて、この営業外の項目に入ってきます。銀行預金の受取利息は営業外収益になりますし、借入金の利子として支払う支払利息は営業外費用に計上されます。

　営業利益から営業外の収益や費用を差し引いたものが③番目の利益である「経常利益（けいじょう）」です。これも読んで字のごとく、会社が本業及びその他の事業活動により常日頃、経常的に稼ぎ出す利益が経常利益です。この経常利益は会社のすべての事業活動から経常的に獲得した利益ですから、会社の事業活動の収益性を見るには大切な利益です。一般的には「ケイツネ」と呼ばれて、新聞などでもよく引き合いに出されるものです。

　経常利益の下にあるのは何でしょう。もちろん経常外のものですね。常日頃の経常的なものではなく、特別にその期だけに発生する「特別利益」や「特別損失」です。その期だけに特別に発生した土地の売却益や株式の売却損などが、これに当たります。

　経常利益からこの経常外の特別利益・特別損失を足し引きしたものが④番目の利益である「税引前当期純利益」です。

　そして、この**税引前当期純利益から「法人税等」（法人税等とは、法人税・法人住民税・法人事業税の３つです）を引いたものが、⑤番目の利益である「当期純利益」**です。この「当期純利益」が新聞などで「純益」とか「最終利益」といわれているものです。

3つの「収益」と5つの「費用」

図表1-6を使って収益と費用の関係を整理しておきましょう。

一番左にあるのが、「売上高」という収益です。これは本業であるグラッパの総売上高ですね。その売上高からグラッパの仕入高である売上原価を引いたものが、「売上総利益（粗利）」です。売上総利益（粗利）から販売費及び一般管理費を差し引くと、本業の営業活動による利益の「営業利益」になります。この営業利益に営業外の収益を足して営業外の費用を差し引くと、本業及びその他の活動によって経常的に出てくる「経常利益」になります。この経常利益に特別利益を足して特別損失を差し引くと「税引前当期純利益」になり、それから法人税等を差し引くと「当期純利益」になるのです。

図表1-6　3つの収益と5つの費用

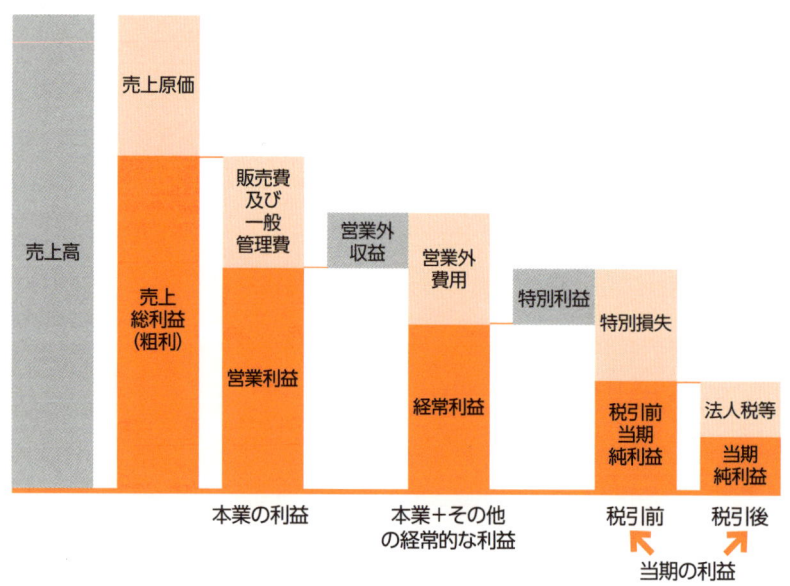

この図表からわかるように、利益には5つの種類があり、収益には「売上高」「営業外収益」「特別利益」の3つの種類があり、費用には「売上原価」「販売費及び一般管理費」「営業外費用」「特別損失」「法人税等」の5つの種類があります。

　重要なポイントは、**本業から出てくる利益が営業利益で、本業及び本業外の活動を合わせて経常的に上がってくる利益が経常利益、そして当期の利益に税引前のものと税引後のものがある**、という構造になっている点です。

　これで、ＰＬの全体像がつかめたでしょうか。

PART 1-05

貸借対照表(BS)はなぜ左右がバランスするのか？

　次はBSの説明です。
　この本の冒頭で、会社が行っている基本活動はどの会社も同じで、それは「お金を集めて」「何かに投資し」「利益をあげる」という3つの活動であり、BSの右側が「どのようにお金を集めてきたか」、左側が「その集めてきたお金を何に投資しているか」を表していると説明しました。もう少し正しくいうと、**BSの左側は「その集めてきたお金がいまどのような形で会社に存在しているのか」**を表しています。だからBSの右側と左側が一致するのは当たり前なのです。
　図表1-7をご覧ください。
　集めてきたお金は、現金のまま残っているものもあれば、在庫に変わったもの、土地や建物になってしまったものなどさまざまですが、何らかの形で会社の「資産」として存在しています。ですから、BSの左側は「資産の部」と呼ばれます。
　一方、会社がお金を集める方法は、銀行など金融機関から借りる方法と、資本家に資本金として入れてもらう方法の2つがあります。したがって、BSの右側は上下2つに分かれていて、他人から借りた借入金などが入った枠を「負債の部」と呼び、資本家から入れてもらった資本金などが入った枠を「純資産の部」(2006年5月の会社法施行前は「資本の部」と呼ばれていました)と呼びます。
　会計の初心者は、会社がお金を集めてくる方法は、他人から借りる方法と資本家から資本金として入れてもらう方法の2つだと理解していますが、実はもう1つ、会社がお金を集めてくる方法があります。

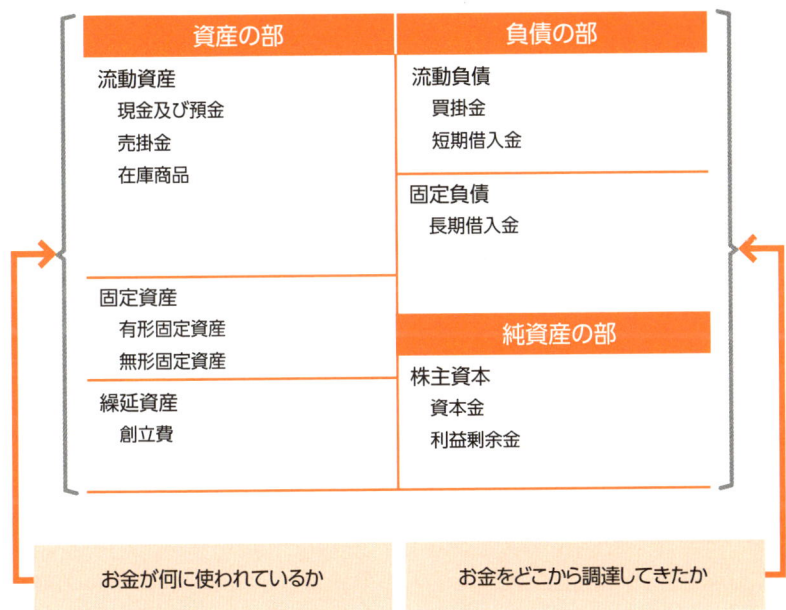

図表1-7　貸借対照表（BS）

　会社がお金を集めてくる方法は「他人から借りる」「資本家から資本金として入れてもらう」という方法の他に、「自社で稼ぎ出す」という3つ目の方法があるのです。この3つ目の**「自社で稼ぎ出す」が、純資産の部に「利益剰余金」として積み上がっていく**のです。

　そしてこれが、複式簿記のところで説明した「PLとBSはつながっていて、PLの当期純利益がBSの利益剰余金とつながっている」ということなのです。この**PLの当期純利益がBSの利益剰余金とつながっている**ということは、会計の仕組みを理解するうえでとても大切なポイントです。

区分けは「ワン・イヤー・ルール(1年ルール)」

　BSの中身をもう少し詳しく見ると、右側も左側も基本的には上から下へ流動化しやすい、つまり現金になりやすい順に並んでいます。

　流動資産は1年以内に現金化される予定のもの、固定資産は1年を超えても現金化される予定のないもの、もしくは現金化されるのが1年を超えるものという考え方にもとづいています。繰延資産は難しくなるのでここでは無視しておきましょう。後ほど詳しく説明します。右側も同じで、流動負債は1年以内に返さなければならないもの、固定負債は1年を超えて返せばいいものです。

　資産の部も負債の部も、流動と固定の区分けは「ワン・イヤー・ルール（1年ルール）」に従って決まります。資産でいえば、1年以内に現金化される予定のものが流動資産になり、1年を超えても現金化される予定がないものが固定資産に分類されます。

　ただし、1年を超えて現金化される予定がないものでも、通常の商売の流れの中で使われているものは流動資産に入れます。例えば、商品在庫などは1年を超えても在庫のままのものもあるかもしれませんが、一括して流動資産に入れられます。これを正常営業循環基準といいますが、私たちは特別この言葉を覚える必要はないでしょう。

「ストック」と「フロー」の関係

　PLとBSがつながっているという関係を時系列的に並べたのが**図表1-8**です。

　BSはある時点までに会社がどれだけのお金を集めてきて、その時点でそのお金が会社にどんな形で存在しているかを表していましたね。そして、その会社が1年間に収益をあげ、それと同時に費用が出ていき

図表1-8　PLとBSの時系列的なつながり

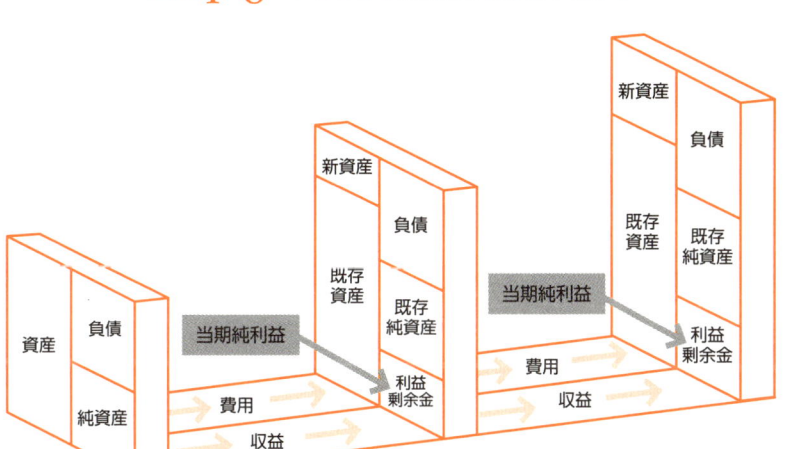

ますが、収益より費用が少なければ当期純利益がプラスとなり、それがその期末のBSの規模を押し上げることになるのです。もし、会社がすべて現金商売をしていて、当期純利益分、すなわち当期に増えた利益剰余金分がすべて現金で残っているとすれば、BSの左側は現金として総資産額を押し上げるわけです。しかし、実際には当期に稼いだお金は、期末までに在庫や固定資産などに変わっているのです。

　この関係を「ストック」と「フロー」という言葉を使って表せば、**BSがある時点の会社のストックを表し、PLがある事業年度（通常1年）の収益と費用のフローを表している**のです。

なぜ Balance Sheet なのか

　ここで、BSをなぜ Balance Sheet というのか説明しておきましょう。多くの会計本に「BSは左右の合計がバランスするから Balance Sheet

と呼ばれる」と書いていますが、実はそれは間違いです。

　確かに、Balanceという単語には「均衡」という意味がありますが、お金を取り扱う場面でBalanceという言葉が使われる場合はほぼ間違いなく「残高」の意味で使われます。実はBalance Sheetはその会社のストックを表すもの、つまり「財産残高一覧表」だからBalance Sheetというのです。

　私たち会計の専門家ではない人間は**ＢＳを「貸借対照表」という名前で理解しようとするより、「財産残高一覧表」と理解したほうがはるかにわかりやすい**と思います。

PART 1-06

「債務超過」とは会社がどんな状態になっていることか？

　ひんぱんに財務3表を見ない人たちにとっては、BSを図にしてみると理解しやすくなります。

　BSの左側の総額を「総資産」、右側の総額を「総資本」といいます。総資産と総資本の額は同じなわけですが、この総資産・総資本の額をベースに各項目を百分率で表してみます。

　これから取引しようとする会社のBSを、相手先の社長さんにチラッと見せてもらえたとしましょう。そのときあなたは、まず何をチェックしますか。新たに取引をする場合に一番気になるのは、「その会社がお金を支払ってくれるのかどうか」だと思います。**お金を支払ってくれそうかどうかを見る指標としては、「流動比率」というものがあります。流動比率＝流動資産÷流動負債**なのですが、流動資産・流動負債とは何だったでしょうか。流動資産は1年以内に現金化される予定のもの、流動負債は1年以内に返済しなければならないものでしたね。

　図表 1-9 のA社の前期のように、1年以内に現金化される予定の流動資産の額が50％で、1年以内に返済しなければならない流動負債の額が40％であれば、流動負債より流動資産が多いので安心ですね。

　B社の前期を見てください。1年以内に現金化される予定の流動資産が40％で、1年以内に返済しなければならない流動負債が50％。これでは、新たに取引をしようとするあなたの会社に現金が回ってくるかどうか不安ですね。

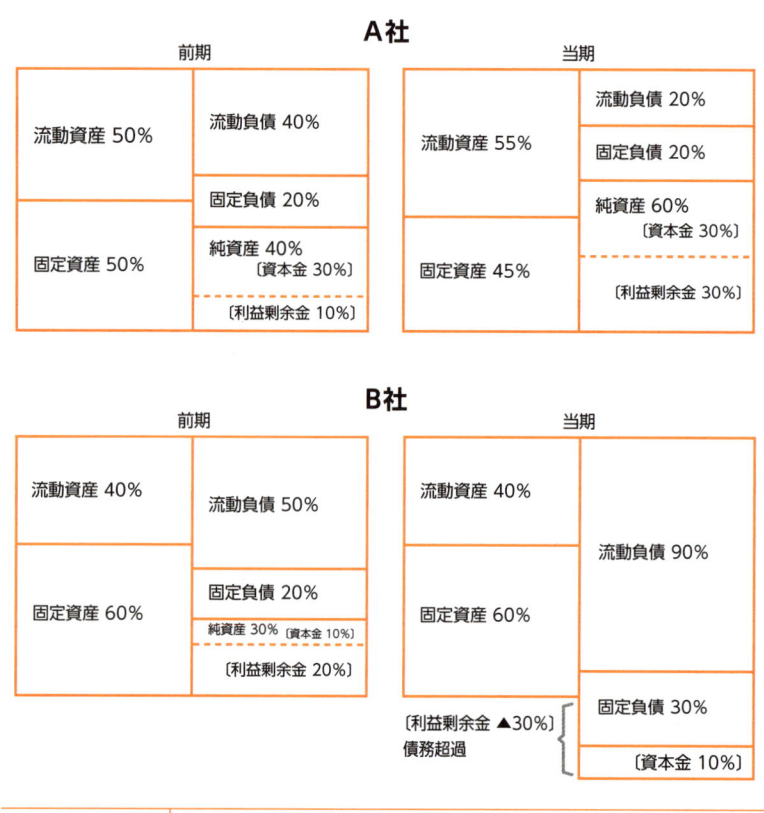

図表1-9 貸借対照表（BS）を図にしてみよう

流動比率：	流動資産／流動負債
自己資本比率：	自己資本／総資本

自己資本比率＝自己資本÷総資本

もう1つ、自己資本比率を説明しておきましょう。**自己資本比率＝自己資本÷総資本**です。自己資本はここでは純資産の部の合計だと思ってください。

何度も説明してきましたが、PLの当期純利益とBSの利益剰余金はつながっています。すなわち、毎年利益を出していれば基本的に利益剰余金の額は増えていきます。ですから、**自己資本比率が高いといった場合、もともとの資本金の額が多い場合だけでなく、毎期利益を出し、利益剰余金が積み増しされている場合もある**のです。

　A社の前期から当期への変化を見てください。資本金は30％で変化はありませんが、利益剰余金が10％から30％に変わり、その影響で自己資本比率が40％から60％に増えています。

　では、毎期赤字が出ている会社はどうなるでしょう。赤字が出ている会社は利益剰余金がマイナスになります。B社の例を見てください。B社の前期は20％の利益剰余金がありましたが、当期に大きな赤字が出た場合、利益剰余金は大幅なマイナスになります。資本金の額に変わりはありません。当期のBSの右側は流動負債が90％、固定負債が30％、資本金が10％で合計130％になりますが、利益剰余金がマイナス30％あるので右の合計は100％となりBSの左右が一致しています。

純資産の部がマイナスになっている

　このように**純資産の部がマイナスになっている会社を債務超過の状態にあるといいます**。BSの右側が下に突き抜けている感覚がすんなりとわからない方もいまはそのままで結構です。PART2で財務3表を一体で理解するところに進めば、この意味が簡単にわかるようになりますから。

　この債務超過の会社とは、次のような状態の会社のことです。

　もし仮にこの会社の資産をBSの左側の資産の部に記載されている額ですべて売却し現金化できたとしましょう。この会社のすべての資産を現金化してみても、この会社は1年以内に返済しなければならない流

動負債と、1年を超えて支払わなければならない固定負債の一部しか返済できないのです。もちろん資本金がなくなったわけではありませんが、どう考えても資本家にはお金は回ってこない。つまり資本金として入れていたお金は全く価値のない状態になっている。これが債務超過の状態なのです。

　債務超過というのは負債の額が莫大だという意味ではありません。利益剰余金のマイナスの額が資本金を上回っている状態、つまり**純資産の部がマイナスになっていることをいう**のです。

PART 1-07

「勘定合って銭足らず」とはどういう意味か？

　もう一度ＰＬの話に戻りましょう。

　財務３表は会社の状況を正しく伝えるためにある、といいました。では、ＰＬによってその期の売上と利益の状況を正しく伝えるためにはどんなことに気をつけておく必要があるでしょうか。

　私たちが通常行っている商売は、ほとんどが掛け商売です。つまり商品やサービスを提供しても、その代金は後から入ってくるというスタイルです。仮に、売上を「代金が回収された時点で売上として計上する」というルールにしていたらどうなるでしょう。もし、掛け商売のためにすべての商品の代金がその期に入ってこなかったとすると、その期の売上は「０」になってしまいます。実際に営業活動を行い、商品を販売しているのですから、これでは会社の事業活動を正しく伝えているとはいえなくなります。

　そこで、会計では**代金回収が約束されているような状態であれば「商品やサービスが提供された時点で売上として計上する」という決まり**にしているのです。

　売上が計上されれば通常、利益が出ます。ここで、「売上は計上されたが現金は回収できていない」という時点で決算期を迎えたとしましょう。この会社は、利益が出ているにもかかわらず現金はありません。これがよくいわれる「勘定合って銭足らず」という状態です。こんなことは、一般のビジネスではよくあることです。**会計では利益と現金は一致しない**のです。

PART1 ● 会計の基本的な仕組みを理解しよう

減価償却費の考え方

　利益と現金が一致しない理由のもう１つは、減価償却費です。

　何年かにわたって使用する機械装置を使ってビジネスをしているとします。この機械装置の購入代金を、購入した年にすべて費用として計上すると、購入した年だけに莫大な費用が発生します。しかし、この機械装置は翌年もその翌年も使われ、この機械装置を使って毎期、売上をあげていくわけですから、各期の売上とそれに対する費用を正しく計上しようとすれば、機械装置の費用は機械装置を使用する期間で按分（分割）して計上しておく必要があります。

　ここで間違ってはいけないのは、あくまで機械装置の購入代金は機械装置を購入した年に支払うのですが、**ＰＬにはその機械装置を使用する期間で按分した金額を毎期費用として計上していく**ということです。これを「減価償却費」といいます。**この減価償却費の考え方を導入することによっても、ＰＬは現金の動きを表せなくなってしまった**のです。

　私はもともとエンジニアですが、まだエンジニアとして仕事をしていた頃、「減価償却費は費用として計上できるが、現金が出ていく費用ではない」と言われてチンプンカンプンだったのを覚えています。

　いま減価償却費の概念がわからなくても大丈夫です。PART２に進めば、スーッと頭に入ってきますから……。

ＰＬの利益と現金の動き

　この掛け商売の認識のタイミングと減価償却費の考え方の導入によって、毎期の売上と費用、そしてその結果として出てくる利益を適切に表すことができるようになりました。しかし結果的に、ＰＬは現金の動きを表せなくなってしまったのです。

もう少しいえば、あなたの会社がすべて現金商売をしていて、利益があがり現金が貯まっていても、期末の決算期を迎えるまでには、その現金で土地を買ったり株式を買ったりしているかもしれません。土地や株式を買っても、そのことはＰＬには表れてきませんから、利益は変化しませんが、現金は確実に土地や株式の購入費用として使われてしまっているのです。このように、ＰＬの利益と現金は一致しないのです。このあたりもPART 2で詳しく説明します。

　ですから、社長に「今期の１億円の利益はどこにいったんだ！」と叫ばれても、「利益と現金は全く違うものなんですよ」と答えるしかないのです。

　ＰＬの利益と現金の動きの違いを簡単な例で説明しておきましょう。

　資本金100万円で設立した会社が、原価60万円の商品を仕入れて100万円で販売しました。商品の仕入代金はすでに支払いましたが、販売代金はまだ回収できていません。また、このビジネスを行うために４年間使用できるコンピュータを40万円で購入しました。この期の事業活動はこれだけだとすると、ＰＬ及び現金の動き（キャッシュフロー）は**図表1-10**のようになります。

　なお、ここでは税金は無視しています。また、この例では、現金の動きを表すために一般の収支計算書の形式（家計簿などと同じ）を使いました。

　ＰＬはその期の正しい利益を計算するための表ですから、販売代金を回収していようがいまいが、すでに商品は販売されているので100万円が売上高として計上されます。もちろん商品の仕入原価の60万円も計上されます。また、コンピュータの今期分の費用が減価償却費として計上されます。

　ＰＬのほうは売上高100万円と売上原価60万円が計上され、コン

図表1-10　PLの利益と現金の関係

PL	(単位：万円)
売上高	100
売上原価	60
①売上総利益（粗利）	40
販売費及び一般管理費	
減価償却費	10
②営業利益	30
③経常利益	30
④税引前当期純利益	30
⑤当期純利益	30

現金の動き(キャッシュフロー)	(単位：万円)
収入	
資本金	100
営業収入	0
支出	
商品仕入	-60
コンピュータ	-40
現金の残高	0

ピュータの費用が10万円（＝40万円÷4年）、減価償却費として計上されています。その結果、営業利益以下の利益はすべて30万円になっています。なお、資本金の100万円やコンピュータの購入代金40万円はPLには表れません。

一方、現金の動きとしては、資本金100万円が収入に計上され、商品の仕入代金の60万円とコンピュータの購入代金の40万円が支出のところにマイナスで入っています。なお、販売代金はまだ回収されていませんので、営業収入は「0」になっています。以上の現金の出入りにより、現金の残高は「0」になっています。

このように、利益と現金は一致しないのです。

PART 1-08

キャッシュフロー計算書（CS）では何を見ているのか？

　複式簿記を導入してPLとBSを作成することにより、会社の3つの基本活動である「お金を集めて」「何かに投資し」「利益をあげる」ことの説明や、当期の利益を正しく表すことができるようになりました。しかし、そのことにより、現金の動きがよくわからなくなってしまいました。

　そこで現れたのがキャッシュフロー計算書です。前項でPLの利益と現金の動きの違いを説明するために収支計算書を用いましたが、この収支計算書こそが現金の動きを表すキャッシュフロー計算書なのです。ですから、**キャッシュフロー計算書は会社の家計簿のようなもの**だと思ってください。

　英語ではCash Flow StatementというのでCSです。PLはProfit and Loss StatementでPLなのに、なぜCash Flow StatementがCFではなくてCSなのか私は知りませんが、いずれにせよキャッシュフロー計算書はCSです。

　ただ、会社の現金の動きを表すキャッシュフロー計算書は特別な形をしています。財務3表の1つであるCSは**図表1-11**のように、「営業キャッシュフロー」「投資キャッシュフロー」「財務キャッシュフロー」の3つの欄に分かれていて、それぞれの欄ごとに現金の収支が記載されます。

　なぜ、そうなっているのか？　もちろん、それはこの本の冒頭で説明したように、会社の基本活動は「お金を集めて」「何かに投資し」「利益をあげる」ことですので、CSでもこの3つの基本活動に合わせて現

金の動きを説明しているのです。

　繰り返しになりますが、**財務キャッシュフローが「お金を集める」、投資キャッシュフローが「投資する」、営業キャッシュフローが「利益をあげる」ということを説明している**のです。

図表1-11　キャッシュフロー計算書（CS）

営業キャッシュフロー
事業活動を通してのモノやサービスの販売や仕入れ、製造活動などから生じた現金の現実的な流れ。

投資キャッシュフロー
工場建設や設備導入などの設備投資、子会社への投資、株式持ち合いなど投資にかかる現金の動きを表す。

財務キャッシュフロー
金融機関からの長短期資金の借入や返済、社債発行による資金調達、増資による資本金の増加など、会社の資金調達や返済などを表す。

直接法

営業キャッシュフロー
　営業収入（＋）
　商品の仕入支出（－）
　人件費支出（－）
　その他の営業支出（－）

　　小計
　利息の受取額（＋）
　利息の支払額（－）
　法人税等の支払額（－）
営業キャッシュフロー計

投資キャッシュフロー
　有価証券取得（－）
　有価証券売却（＋）
　固定資産取得（－）
　固定資産売却（＋）
投資キャッシュフロー計

財務キャッシュフロー
　短期借入収入（＋）
　短期借入返済（－）
　株式発行収入（＋）
　自己株式の取得（－）
　配当金支払い（－）
財務キャッシュフロー計

　現金及び現金同等物の増減額
　現金及び現金同等物の期首残高
　現金及び現金同等物の期末残高

営業キャッシュフローの「小計」

キャッシュフロー計算書は「3つの欄に分かれた会社の家計簿」という理解でいいのですが、ここで営業キャッシュフローの欄の「小計」の説明をしておきましょう。

営業キャッシュフローの中には「小計」という項目があり、その下に「利息の受取額（＋）」「利息の支払額（－）」「法人税等の支払額（－）」などが並んでいます。営業キャッシュフローの中で、どうしてこれらの項目だけがまるで「付け足し」のように記されているのでしょうか。

利息は借入金にかかるものですから、財務収支に入れておいたほうがよいような気もします。しかし支払利息は、会社が借入をして商売をしている側面から見ると、借入に対する費用とも考えられ営業キャッシュフローに入れてもよさそうです。また税金は、会社全体の事業活動に対して課せられるものですから、すべての欄にかかっているような気もします。

このように、営業キャッシュフロー、投資キャッシュフロー、財務キャッシュフローの**どこに分類していいか明確でないような現金の動きが、営業キャッシュフローの「小計」の下にまとめて入れられている**のです。そして、純粋な営業キャッシュフローがよくわかるように「小計」が設けられているのです。

PART 1-09

PLとBSから
キャッシュフローを
計算するには？

　図表1-12のように、実はCSには直接法と間接法という2つの作り方があります。

　直接法CSというのは現金の出入りを、すでに説明した営業キャッシュフロー、投資キャッシュフロー、財務キャッシュフローの3つに分類して記載したものです。ですから、営業キャッシュフローの欄には「営業収入」や「商品の仕入支出」などの実際の現金の出入りを表す項目が並んでいます。

　一方、間接法で作られるCSの営業キャッシュフローの欄は、一番上に「税引前当期純利益」がきていて、その下には「減価償却費」や「売上債権の増加」など、おおよそ現金の動きとは関係ない項目ばかりが並んでいます。**間接法CSというのは、PLとBSの数字から逆算して現金の動きを求めたCS**なのです。

　具体的に説明すると、まずCSの一番上にPLの税引前当期純利益を持ってきて、この税引前当期純利益を起点にして実際の現金の動きを計算していくのです。PLの利益は、現金の動きがなくても増えたり減ったりします。そうです、掛け商売や減価償却費などの影響です。

　税引前当期純利益を起点にして実際の現金の動きを計算しようと思えば、例えば減価償却費は、実際には現金は出ていかないのに費用として計上され税引前当期純利益を押し下げていますから、税引前当期純利益から実際の現金の動きを求めるには、この減価償却費を足し戻しておかなければなりません。

　売上債権の増加も同じです。売上債権とは売掛金などのことです。売

り掛けで商売をすると売上高は上がりますが、その時点では現金は入ってきていませんから、実際の現金の動きを税引前当期純利益をベースに計算しようと思えば、この売り掛け分を差し引いておかなければならないのです。

図表1-12　直接法と間接法

直接法

営業キャッシュフロー
　営業収入（＋）
　商品の仕入支出（－）
　人件費支出（－）
　その他の営業支出（－）

　　小計
　利息の受取額（＋）
　利息の支払額（－）
　法人税等の支払額（－）
　営業キャッシュフロー計

投資キャッシュフロー
　有価証券取得（－）
　有価証券売却（＋）
　固定資産取得（－）
　固定資産売却（＋）
　投資キャッシュフロー計

財務キャッシュフロー
　短期借入収入（＋）
　短期借入返済（－）
　株式発行収入（＋）
　自己株式の取得（－）
　配当金支払い（－）
　財務キャッシュフロー計

現金及び現金同等物の増減額
現金及び現金同等物の期首残高
現金及び現金同等物の期末残高

間接法

営業キャッシュフロー
　税引前当期純利益
　減価償却費（＋）
　売上債権の増加（－）
　棚卸資産の増加（－）
　仕入債務の増加（＋）
　その他負債の増加（＋）
　　小計
　利息の受取額（＋）
　利息の支払額（－）
　法人税等の支払額（－）
　営業キャッシュフロー計

投資キャッシュフロー
　有価証券取得（－）
　有価証券売却（＋）
　固定資産取得（－）
　固定資産売却（＋）
　投資キャッシュフロー計

財務キャッシュフロー
　短期借入収入（＋）
　短期借入返済（－）
　株式発行収入（＋）
　自己株式の取得（－）
　配当金支払い（－）
　財務キャッシュフロー計

現金及び現金同等物の増減額
現金及び現金同等物の期首残高
現金及び現金同等物の期末残高

（直接法のキャッシュフローと同じ）

間接法で作られたCS

　何かややこしいことをしているようですが、この方法を使えば、**その期のPLと期首と期末のBSさえあれば簡単にCSが作れる**のです。直接法でCSを作ろうと思えば、現金の動きに関する伝票をすべて積み上げていく必要があります。ところが、複式簿記による会社の帳簿は、収支計算書のような現金の動きを記載するものではありませんでしたね。

　すべての伝票は複式簿記によりPLとBSを作るために整理されていて、すべての会社はPLとBSを作っています。このPLとBSを使えば、CSを作るために新たに伝票を整理しなおす必要はなく、上述したように出来上がっているPLとBSから簡単にCSが作れるのです。だから、**私たちが見るCSはその多くが間接法で作られたもの**なのです。

PART 1-10

会計を理解するには簿記を勉強するしかないのか？

　私は会計の研修を行う場合、いつも最初に次の質問をします。
「一般的に会社は借金をしていますが、借入金の元金の返済額はＰＬのどこに表れますか？」
　これは、会計の基本的な仕組みがわかっている人にはとても簡単な質問です。「何でそんな質問するの？」ってくらいに当たり前の質問です。
　答えは**「借入金の元金の返済額はＰＬのどこにも表れない」**です。借入をするとか借入金を返すという活動は、「お金を集める」財務活動です。財務活動はＰＬには表れません。「お金を集める」という財務活動は、ＢＳの右側に表れるのです。
　多くの会計の本は、ＰＬ・ＢＳ・ＣＳを別々に説明し、その説明が終わると財務分析指標の説明に入ります。しかし、「そもそも財務３表は何のためにあり、会社の何を表そうとしているのか」という会計の全体像を把握することもなく、また「ＰＬ・ＢＳ・ＣＳがどのようにつながっているのか」という会計の仕組みを理解することもなく、**ただやみくもにＰＬ・ＢＳ・ＣＳの表の構造と財務分析指標の計算式を記憶しても、会計の本質はわかりません。**
　だから、いくら会計の勉強をしても腹の底からわかったという感じにならないのです。
　「会計を理解するためにはどうしたらいいですか？」と会計の専門家の人たちに聞けば、「まず簿記を勉強しなさい」とアドバイスされると思います。これは一理あることです。ＰＬとＢＳを理解しようと思えば、それらがどのように作られているか、つまりＰＬとＢＳの基になる試算

表をどのように作っていくのかのルールがわかっていなければ、お話にならないのです。

　一般の簿記の勉強では、仕訳のルール、つまり多くの取引をどのように２つの側面から見て、それをどのように「資産」「負債」「純資産」「収益」「費用」の５つの分類に振り分けていくかを勉強します。しかし、これらのルールをすべて覚えるのは結構大変なのです。

　将来、経理部門で働こうと思っている人は、仕訳のルールを勉強する必要があります。それは試算表を作っていかなければならないからです。しかし、私たちのような会計の専門家ではない人間は、仕訳のルールをすべて覚える必要はありません。ただ、その基本的な仕組みがわかっていればいいのです。

　この基本的な仕組みについては17ページの「収支計算書と複式簿記の帳簿はいったい何が違うのか？」の項で説明しましたが、会計の全体像をつかむためには、もう少しこの仕組みに慣れて、体で覚えるくらいになっておく必要があります。

ＰＬ・ＢＳ・ＣＳをセットにして勉強する

　複式簿記はＰＬとＢＳを作るためにあり、ＰＬとＢＳはつながっています。ですから、会計を勉強するうえでＰＬとＢＳはセットにして勉強すべきものです。しかし、ＣＳまで一緒にしてＰＬ・ＢＳ・ＣＳをセットにして説明している本は、私が知る限りいままでに見たことがありません。もちろん、拙著の『書いてマスター！　財務３表・実践ドリル』（日本経済新聞出版社）と『決算書がスラスラわかる　財務３表一体理解法』（朝日新書）は除いてということですが……。

　これからPART２で財務３表を一体にして理解を進めていくわけです

図表 1-13　新しい会計の勉強法

会計の流れ

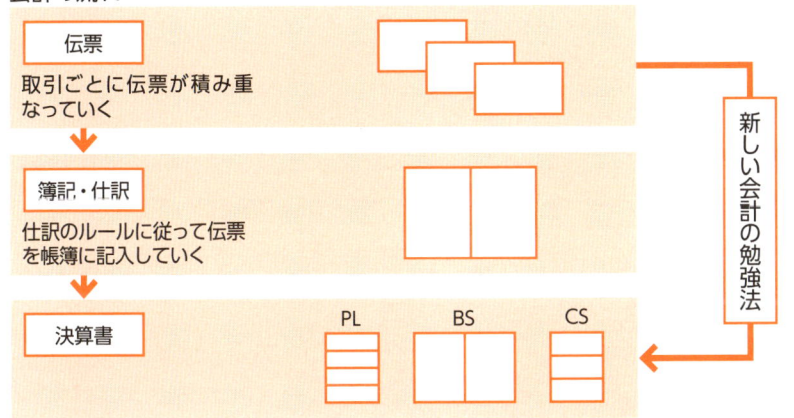

```
伝票
取引ごとに伝票が積み重
なっていく
    ↓
簿記・仕訳
仕訳のルールに従って伝票
を帳簿に記入していく
    ↓
決算書          PL  BS  CS
```

新しい会計の勉強法

が、PART2で何をするのかというと、実は**仕訳をせずに、日々の事業活動の1つひとつの取引を財務3表上に直接展開していく**のです。もっといえば、実は財務3表上で仕訳の作業をするのです。この作業を何度か繰り返せば、会計の仕組みが理解できるようになります。

図表1-13のように、事業活動によって日々あがってくる伝票は簿記・仕訳のルールに従って記帳され、それが最終的に財務3表の形になっていくわけですが、PART2ではこの簿記・仕訳のルールに従って帳簿に記帳するところをすっとばして、日々の事業活動が財務3表にどのように反映されるかを見ていきます。

では、さっそく財務3表を一体にして理解するPART2に移っていきましょう。

PART 2

「財務3表のつながり」がわかれば会計の全体像が見える

まず、損益計算書（PL）、貸借対照表（BS）、キャッシュフロー計算書（CS）の3つがどうつながっているのかを理解しましょう。基本は簡単です。そのうえで、会社の活動によってお金が動くと、それが財務3表にどう反映されるのかを具体的に見ていきます。わかっているようでわかっていないことって意外と多いものですが、このPART 2の問いに答えていくと理解がグッと深まります。

PART 2-01

PL、BS、CSは
どうつながっているのか？

　PART1の説明で、PL・BS・CSのそれぞれの構造は理解できましたか？　会計の入門書の多くは、ここまでの説明が終わると次に財務分析指標の説明に移っていきます。しかし、簿記・仕訳を勉強していない人が、PL・BS・CSの表を別々に勉強しただけでは会計の全体像はなかなか頭に入ってきません。

　もうお気づきかもしれませんが、PL・BS・CSの数字はそれぞれにつながっています。**図表2-1**のように**PL・BS・CSの3表には5つの「つながり」があります**。①から順番に説明していきましょう。

①：**PLの「当期純利益」がBSの「利益剰余金」の中の「繰越利益剰余金」とつながっています**。もっと正確にいうと、配当や内部留保などが行われ、その後に残った利益がBSの繰越利益剰余金へつながっていくのですが、配当や内部留保については、後で詳しく説明します。

②：BSの右側は「どのようにお金を集めてきたか」を表し、左側はそれが現在「どのような形で会社に存在しているのか」を表しています。したがって、**BSの右側の合計と左側の合計は一致します**。

③：直接法CSは、その期の初めから現時点までの実際の現金の動きを、営業キャッシュフロー・投資キャッシュフロー・財務キャッシュフローの3つに分類して表記した収支計算書です。ですから、現金の出入りの総計を表している一番下の項目の「現金及び現金同等物の期末残高」は、会社が現時点で保有している現金の総額を示し

図表2-1 財務3表の5つのつながり

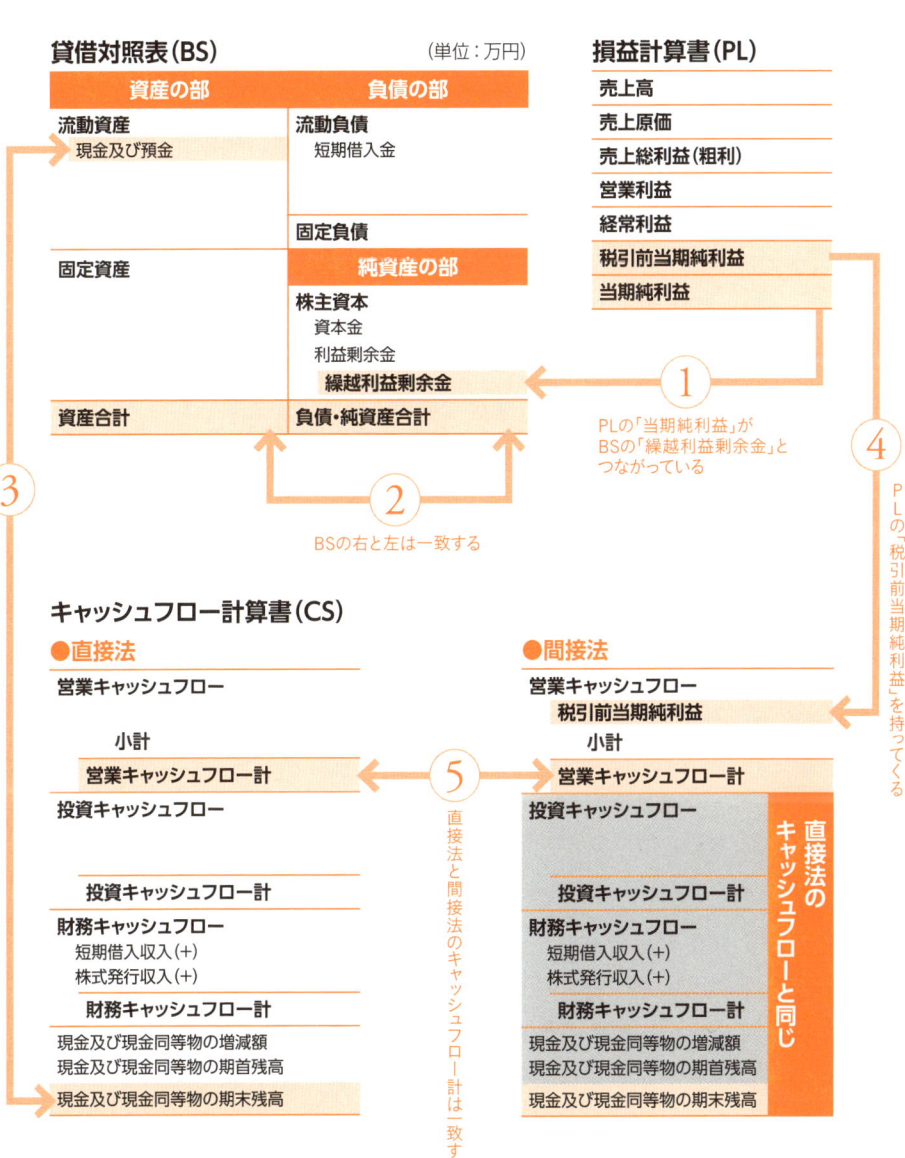

貸借対照表（BS） （単位：万円）

資産の部	負債の部
流動資産 　現金及び預金	**流動負債** 　短期借入金
	固定負債
固定資産	**純資産の部**
	株主資本 　資本金 　利益剰余金 　**繰越利益剰余金**
資産合計	負債・純資産合計

損益計算書（PL）

売上高
売上原価
売上総利益（粗利）
営業利益
経常利益
税引前当期純利益
当期純利益

① PLの「当期純利益」がBSの「繰越利益剰余金」とつながっている

② BSの右と左は一致する

③ BSの「現金及び預金」とCSの「現金及び現金同等物の期末残高」は一致する

④ PLの「税引前当期純利益」を持ってくる

⑤ 直接法と間接法のキャッシュフロー計は一致する

キャッシュフロー計算書（CS）

●直接法

営業キャッシュフロー
　小計
営業キャッシュフロー計
投資キャッシュフロー
　投資キャッシュフロー計
財務キャッシュフロー
　短期借入収入（+）
　株式発行収入（+）
　財務キャッシュフロー計
現金及び現金同等物の増減額
現金及び現金同等物の期首残高
現金及び現金同等物の期末残高

●間接法

営業キャッシュフロー
　税引前当期純利益
　小計
営業キャッシュフロー計
投資キャッシュフロー
　投資キャッシュフロー計
財務キャッシュフロー
　短期借入収入（+）
　株式発行収入（+）
　財務キャッシュフロー計
現金及び現金同等物の増減額
現金及び現金同等物の期首残高
現金及び現金同等物の期末残高

（直接法のキャッシュフローと同じ）

ていることになります。したがって、**この額はＢＳの「現金及び預金」と一致していなくてはなりません**（正確にいえば、ＣＳの「現金及び現金同等物の期末残高」には３カ月以内の定期預金が含まれ、ＢＳの「現金及び預金」には１年以内の定期預金が含まれますので、実際にはこの数字は多少ずれる場合があります）。ＢＳの左側は、会社が集めてきたお金が現時点でどのような形で会社の中に存在しているか、「現金及び預金」は現時点で現金の形で会社の中に存在しているものを表しているからです。

④：間接法ＣＳは、ＰＬとＢＳの数字から逆算して実際の現金の動きを計算するものです。**間接法ＣＳを作るために、まずＰＬの「税引前当期純利益」を間接法ＣＳの一番上に持っていくわけです。**

⑤：そうして計算した**間接法ＣＳの営業キャッシュフローと直接法ＣＳの営業キャッシュフローは一致します。**計算方法が違うだけで、同じ営業活動にかかわる現金の出入りを表しているのですから、一致しなければおかしいですよね。ちなみに、投資キャッシュフローと財務キャッシュフローの表記は直接法・間接法で全く同じです。

　この５つのつながりは、会計の基本的な仕組みを理解するうえでとても大切です。このつながりを頭に入れたうえで、ここからは、みなさんが会社を設立し、銀行から借入をし、商品を仕入れて販売し、といった具体的な事業活動を行うことを想定し、それらの活動が財務３表にどのように反映されていくかを見ていきます。

　１年間の主だった事業活動が財務３表にどう反映されるかがわかれば、今度は財務３表を見て会社の状態がわかるようになるのです。

　次に進む前に、１つだけお断りしておきます。

通常、財務3表はその期のすべての事業活動を反映し、決算整理といわれる期末の処理をして作り上げるわけですが、これからみなさんに見ていただく財務3表は、1つの取引が行われた時点で、仮に財務3表を見てみたらどうなっているかを説明したものです。ですから、売上があがっていないのに売上原価が先に発生するような場面が出てきます。その点は、あらかじめご了承ください。

　また、ＣＳの一番下は「現金及び現金同等物の期末残高」と書かれていますが、これは決算書を期末に作るからそう書かれているのです。これからの話は、ある取引が期の途中で行われた時点で、仮に財務3表を見てみたらどうなるかを順次追いかけていく形のものですから、この「期末残高」は「ある取引が終わった時点であなたの会社にある現金の総額」と読み換えてください。

PART 2-02

会社を設立して銀行から借入をするとPLに変化はあるのか？

　では、始めましょう。最初は会社の設立です。50万円を資本金にして、ご自身の会社を設立していただきます。このことが財務3表にどのように反映されていくか、**図表2-2**を見ながら説明しましょう。

　資本金を入れて会社を設立することは、あなたの会社の営業活動に直接関係するでしょうか。資本金が入ってきたからといって、売上があがるわけではありませんね。もちろん、費用が出ていくわけでもありません。ですから、PLは何も動きません。すべて「0」のままです。そして、**PLの「当期純利益」の「0」がBSの「繰越利益剰余金」の「0」とつながっています。①のつながりです。**

　BSの右側は、あなたの会社が資本金として50万円を集めてきたのですから「資本金」の項目に「50」が入ります。左側は、そのお金があなたの会社に現金の形で入ってきているわけですから、「現金及び預金」の項目に「50」が入ります。これで、**BSの右側と左側は一致していますね。②のつながりです。**

　BSの右側は「会社がどのようにしてお金を集めてきたか」を表し、BSの左側は「その集めてきたお金が現在どのような形で存在しているか」を表しています。この例では、会社は資本金として50万円のお金を集めてきて、それがいま、現金の形で会社に存在するということを表しているのです。

　次は、直接法CSです。資本金を入れるということは、会社にとっては「お金を集めてくる」行為ですから財務キャッシュフローです。財務キャッシュフローの中の「株式発行収入」に「50」が入ります。「株式

図表2-2　資本金50万円で会社を設立するとこうなる！

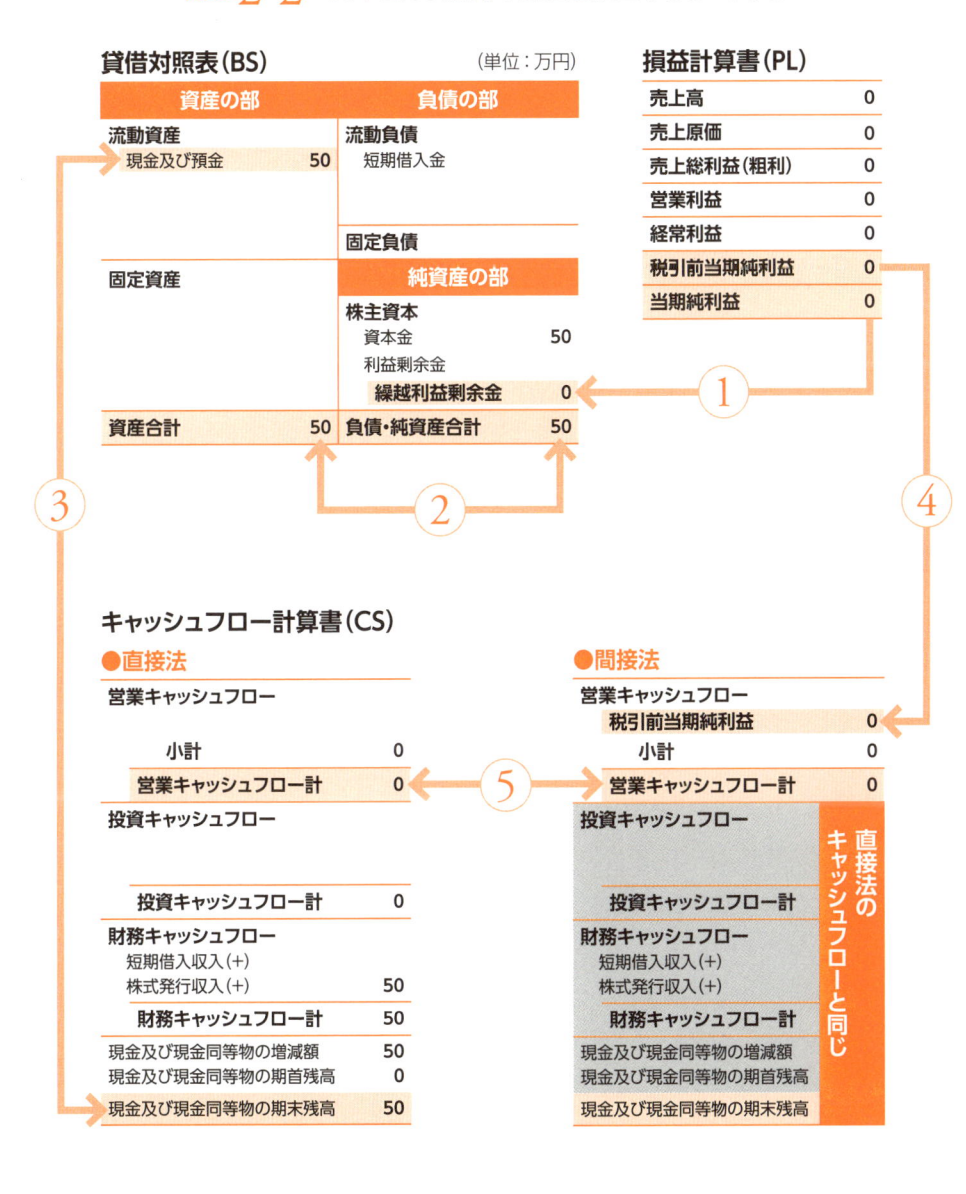

貸借対照表（BS）
（単位：万円）

資産の部

流動資産
- 現金及び預金　50

固定資産

資産合計　50

負債の部

流動負債
- 短期借入金

固定負債

純資産の部

株主資本
- 資本金　50
- 利益剰余金
  - 繰越利益剰余金　0

負債・純資産合計　50

損益計算書（PL）

売上高	0
売上原価	0
売上総利益（粗利）	0
営業利益	0
経常利益	0
税引前当期純利益	0
当期純利益	0

キャッシュフロー計算書（CS）

●直接法

営業キャッシュフロー

　　小計　0
　営業キャッシュフロー計　0

投資キャッシュフロー

　投資キャッシュフロー計　0

財務キャッシュフロー
- 短期借入収入（＋）
- 株式発行収入（＋）　50

　財務キャッシュフロー計　50

現金及び現金同等物の増減額　50
現金及び現金同等物の期首残高　0
現金及び現金同等物の期末残高　50

●間接法

営業キャッシュフロー
- **税引前当期純利益　0**
- 小計　0

　営業キャッシュフロー計　0

投資キャッシュフロー

　投資キャッシュフロー計

財務キャッシュフロー
- 短期借入収入（＋）
- 株式発行収入（＋）

　財務キャッシュフロー計

現金及び現金同等物の増減額
現金及び現金同等物の期首残高
現金及び現金同等物の期末残高

（直接法のキャッシュフローと同じ）

PART2　●　「財務3表のつながり」がわかれば会計の全体像が見える

発行収入」という言葉には、あまりこだわらないでください。資本金としてお金を集める場合には通常株式を発行するので、そう言うのです。

資本金として50万円が入ってきましたから、直接法ＣＳの一番下の「現金及び現金同等物の期末残高」は50万円になります。**これがＢＳの「現金及び預金」の50万円と一致しています。③のつながりです。**

今回は営業活動ではありませんから、営業キャッシュフローに動きはありません。間接法ＣＳの営業キャッシュフローも変化しません。ＰＬの「税引前当期純利益」の「0」が間接法ＣＳに書き写され（④のつながり）、直接法ＣＳと間接法ＣＳの「営業キャッシュフロー計」は共に「0」で一致しています。⑤のつながりです。

運転資金200万円を借り入れると……

では同様に、**図表2-3**で銀行から200万円の運転資金を借り入れた例を説明しましょう。資本金と同様、借入をしても売上があがるわけではありませんね。ですから、ＰＬは全く動きません。

今回の借入金は1年以内に返済する短期借入金だとすると、**ＢＳの右側の「短期借入金」に「200」が入ります**。このお金が現金の形で会社に入ってくるわけですから、**ＢＳの左側の「現金及び預金」に200万円が加わります**。資本金として入ってきていた50万円と合わせて、現在会社に存在する現金は250万円になりましたね。

直接法ＣＳは、会社がお金を集めてきたわけですから**財務キャッシュフローの「短期借入収入」に「200」が入ります**。今回も営業活動をしたわけではありませんから、営業キャッシュフローに動きはありません。間接法ＣＳの営業キャッシュフローにも動きはありません。

図表 2-3 運転資金200万円を借入するとこうなる！

貸借対照表（BS） (単位：万円)

資産の部		負債の部	
流動資産		流動負債	
現金及び預金	250	短期借入金	200
		固定負債	
固定資産		**純資産の部**	
		株主資本	
		資本金	50
		利益剰余金	
		繰越利益剰余金	0
資産合計	**250**	**負債・純資産合計**	**250**

損益計算書（PL）

売上高	0
売上原価	0
売上総利益（粗利）	0
営業利益	0
経常利益	0
税引前当期純利益	0
当期純利益	0

キャッシュフロー計算書（CS）

●直接法

営業キャッシュフロー	
小計	0
営業キャッシュフロー計	**0**
投資キャッシュフロー	
投資キャッシュフロー計	**0**
財務キャッシュフロー	
短期借入収入（+）	200
株式発行収入（+）	50
財務キャッシュフロー計	**250**
現金及び現金同等物の増減額	250
現金及び現金同等物の期首残高	0
現金及び現金同等物の期末残高	**250**

●間接法

営業キャッシュフロー	
税引前当期純利益	0
小計	0
営業キャッシュフロー計	**0**
投資キャッシュフロー	
投資キャッシュフロー計	
財務キャッシュフロー	
短期借入収入（+）	
株式発行収入（+）	
財務キャッシュフロー計	
現金及び現金同等物の増減額	
現金及び現金同等物の期首残高	
現金及び現金同等物の期末残高	

（投資キャッシュフロー以下は直接法のキャッシュフローと同じ）

PART 2-03

事務用品の購入と
コンピュータの購入では
会計上何が違うのか？

　これであなたの会社は50万円の資本金と200万円の借入、合わせて250万円のお金を集めてきたことになります。これからグラッパの販売を開始するわけですが、あなたの会社にはまだ、筆記用具やファイルなどの事務用品がありません。また、ネット販売ですからコンピュータも不可欠です。まずは事務用品10万円分を現金で購入したとき、財務3表がどうなっているか**図表2-4**を見ながら説明しましょう。

　事務用品は営業活動を行ううえで必要な物品ですから、ＰＬの販売費及び一般管理費に10万円が計上されます。この時点で売上は「0」ですから、営業利益以下の利益はすべて「－10」となります。**この「－10」が、ＢＳの繰越利益剰余金とつながっています（①のつながり）。ＢＳの左側は、現金が10万円減り240万円となっています**（事務用品のような基本的に1年で使いきるものはＢＳには計上されず、すべてＰＬに計上されます）。

　こうやって図を見ながら勉強すると、「ＰＬとＢＳはつながっている」という意味が簡単に理解できると思います。

　直接法ＣＳの営業キャッシュフローでは、「その他の営業支出」に「－10」が入ります。「その他の営業支出」という言葉には、あまりこだわらないでください。「商品の仕入支出」と「人件費支出」以外の諸々の営業に関する支出を、「その他の営業支出」としてまとめてあるだけです。**ＣＳの一番下の残高とＢＳの「現金及び預金」が240万円で一致していますね（③のつながり）。**

　間接法ＣＳには、ＰＬの税引前当期純利益「－10」が入ってきます（④

図表2-4　事務用品10万円分を現金で購入するとこうなる！

貸借対照表（BS）　　　　　　　（単位：万円）

資産の部		負債の部	
流動資産		**流動負債**	
現金及び預金	240	短期借入金	200
		固定負債	
固定資産		**純資産の部**	
		株主資本	
		資本金	50
		利益剰余金	
		繰越利益剰余金	-10
資産合計	240	**負債・純資産合計**	240

損益計算書（PL）

売上高	0
売上原価	0
売上総利益（粗利）	0
販売費及び一般管理費	
事務用品費	10
営業利益	-10
経常利益	-10
税引前当期純利益	-10
当期純利益	-10

キャッシュフロー計算書（CS）

●直接法

営業キャッシュフロー	
その他の営業支出（-）	-10
小計	-10
営業キャッシュフロー計	**-10**
投資キャッシュフロー	
投資キャッシュフロー計	0
財務キャッシュフロー	
短期借入収入（+）	200
株式発行収入（+）	50
財務キャッシュフロー計	**250**
現金及び現金同等物の増減額	240
現金及び現金同等物の期首残高	0
現金及び現金同等物の期末残高	**240**

●間接法

営業キャッシュフロー	
税引前当期純利益	-10
小計	-10
営業キャッシュフロー計	**-10**
投資キャッシュフロー	
投資キャッシュフロー計	
財務キャッシュフロー	
短期借入収入（+）	
株式発行収入（+）	
財務キャッシュフロー計	
現金及び現金同等物の増減額	
現金及び現金同等物の期首残高	
現金及び現金同等物の期末残高	

※直接法のキャッシュフローと同じ

のつながり）から、そのまま下に降ろせば、直接法ＣＳの営業キャッシュフローと一致します（⑤のつながり）。

コンピュータ40万円を現金購入しました

　次に、コンピュータ40万円の現金購入です。コンピュータの購入は、事務用品の購入とは処理が違います。事務用品は一般的にすぐに使ってしまうものですが、コンピュータは何年にもわたって使い続けるものです。このコンピュータを使って毎年利益をあげていくわけですから、コンピュータの費用を購入した年だけに40万円分計上すると、第1期の費用だけが莫大に計上され、次の年からの費用が「0」になってしまい、毎年の収益と費用の対応関係がおかしくなってしまいます。

　コンピュータのＰＬへの費用計上は、コンピュータの購入額をコンピュータが使われる年数で按分して行います。このことを「減価償却」というのですが、これについては84ページで詳しく説明します。

　ここでは、とりあえずＰＬの費用計上のことは無視して、現金40万円でコンピュータを購入したことだけを財務3表に展開していきましょう。

　図表2-5をご覧ください。ＰＬへの費用計上は無視していますので、ＰＬに変化はありません。**ＢＳの左側は現金が40万円分減って、それが工具器具備品に計上されています**。ＢＳの左側は、会社が集めてきたお金が、現金の形として200万円、コンピュータという工具器具備品の形として40万円、会社の中に存在していることを表しているのです。

　直接法ＣＳは、投資キャッシュフローに「－40」が入ります。ＣＳはあくまでも現金の出入りを表しています。コンピュータという固定資産の購入のために40万円が会社の外に出ていったことを表しています。

　今回の取引でも営業キャッシュフローは何も動きません。

図表2-5　コンピュータ40万円分を現金で購入するとこうなる！

貸借対照表（BS）
（単位：万円）

資産の部		負債の部	
流動資産		**流動負債**	
現金及び預金	200	短期借入金	200
		固定負債	
固定資産		**純資産の部**	
工具器具備品	40	**株主資本**	
		資本金	50
		利益剰余金	
		繰越利益剰余金	-10
資産合計	240	**負債・純資産合計**	240

損益計算書（PL）

売上高	0
売上原価	0
売上総利益（粗利）	0
販売費及び一般管理費	
事務用品費	10
営業利益	-10
経常利益	-10
税引前当期純利益	-10
当期純利益	-10

キャッシュフロー計算書（CS）

●直接法

営業キャッシュフロー	
その他の営業支出（−）	-10
小計	-10
営業キャッシュフロー計	**-10**
投資キャッシュフロー	
固定資産取得（−）	-40
投資キャッシュフロー計	**-40**
財務キャッシュフロー	
短期借入収入（＋）	200
株式発行収入（＋）	50
財務キャッシュフロー計	**250**
現金及び現金同等物の増減額	200
現金及び現金同等物の期首残高	0
現金及び現金同等物の期末残高	200

●間接法

営業キャッシュフロー	
税引前当期純利益	-10
小計	-10
営業キャッシュフロー計	**-10**
投資キャッシュフロー	
固定資産取得（−）	
投資キャッシュフロー計	
財務キャッシュフロー	
短期借入収入（＋）	
株式発行収入（＋）	
財務キャッシュフロー計	
現金及び現金同等物の増減額	
現金及び現金同等物の期首残高	
現金及び現金同等物の期末残高	

※間接法の投資キャッシュフロー以下は「直接法のキャッシュフローと同じ」

PART 2-04

現金で商品を仕入れて現金で販売すると、財務3表のどこが動く？

　ついに商売開始です。グラッパ30万円分を現金で仕入れて、60万円分の売上をあげたとしましょう。

　図表2-6を見ながら説明します。

　ＰＬの売上は60万円ですね。売上原価が30万円ですから、売上総利益は30万円になります。事務用品10万円をすでに購入していましたから、営業利益以下の利益は20万円ですね。**当期純利益の「20」が繰越利益剰余金の「20」につながっています（①のつながり）。**

　ＢＳの左側の「現金及び預金」は、売上高として現金が60万円入ってきて、仕入代金として30万円を支払ったのですから、差し引き30万円増えて230万円になっています。**ＢＳの右側と左側は一致していますね（②のつながり）。**

　直接法ＣＳは「営業収入」に「60」が入り、「商品の仕入支出」に「-30」が入ります。下まで合計すると**残高は「230」になり、ＢＳの「現金及び預金」と一致しています（③のつながり）。**

　間接法ＣＳは、売上高60万円と売上原価30万円を反映した**「税引前当期純利益」の20万円を営業キャッシュフローの一番上に持ってきています（④のつながり）**。これら2つの現金の動きを反映した「税引前当期純利益」ですから、そのまま下に降ろすと左側にある**直接法ＣＳの営業キャッシュフローである「20」と一致します（⑤のつながり）**。現金の動きがＰＬを経由して「税引前当期純利益」に影響している場合は、間接法ＣＳの窓では何もする必要がないのです。

図表2-6 商品30万円分を現金で仕入れ、60万円を現金で販売するとこうなる！

貸借対照表（BS）
（単位：万円）

資産の部		負債の部	
流動資産		**流動負債**	
現金及び預金	230	短期借入金	200
		固定負債	
固定資産		**純資産の部**	
工具器具備品	40	**株主資本**	
		資本金	50
		利益剰余金	
		繰越利益剰余金	20
資産合計	270	**負債・純資産合計**	270

損益計算書（PL）

売上高	60
売上原価	30
売上総利益（粗利）	30
販売費及び一般管理費	
事務用品費	10
営業利益	20
経常利益	20
税引前当期純利益	20
当期純利益	20

キャッシュフロー計算書（CS）

●直接法

営業キャッシュフロー	
営業収入（+）	60
商品の仕入支出（−）	-30
その他の営業支出（−）	-10
小計	20
営業キャッシュフロー計	20
投資キャッシュフロー	
固定資産取得（−）	-40
投資キャッシュフロー計	-40
財務キャッシュフロー	
短期借入収入（+）	200
株式発行収入（+）	50
財務キャッシュフロー計	250
現金及び現金同等物の増減額	230
現金及び現金同等物の期首残高	0
現金及び現金同等物の期末残高	230

●間接法

営業キャッシュフロー	
税引前当期純利益	20
小計	20
営業キャッシュフロー計	20
投資キャッシュフロー	
固定資産取得（−）	
投資キャッシュフロー計	
財務キャッシュフロー	
短期借入収入（+）	
株式発行収入（+）	
財務キャッシュフロー計	
現金及び現金同等物の増減額	
現金及び現金同等物の期首残高	
現金及び現金同等物の期末残高	

（直接法のキャッシュフローと同じ）

PART2 ● 「財務3表のつながり」がわかれば会計の全体像が見える

PART 2-05

買掛で商品を仕入れて売掛で販売すると、財務3表はどうなる？

　現金商売をしたときの財務3表の動きは簡単でした。これから説明する掛け商売が、財務3表を一体で理解する勉強法の本番です。PART1で説明したように、会計ではその期の事業活動を正しく反映させるために、「商品やサービスが提供された時点で売上として計上する」という決まりにしています。

　今回は、買掛で商品200万円分を仕入れて、売掛で400万円の売上をあげる例を**図表2-7**で説明しましょう。

　買掛とか売掛という言葉が難しいかもしれませんが、「ツケ」で商品を買ったり売ったりする商売形態のこと、**つまり代金の支払いが商品やサービスを購入した後しばらくしてから行われる取引のこと**です。

　グラッパ200万円分を買掛で仕入れました。すでに現金で仕入れた30万円がありますから、この期が始まってからこの時点までの仕入れ（売上原価）は合計で230万円になります。売掛での売上は400万円ですが、これもすでに60万円分の現金の売上がありますから、この時点までの売上高は460万円ですね。このことにより**当期純利益は220万円になり、ＢＳの繰越利益剰余金の220万円とつながっています（①のつながり）**。この売掛と買掛を計上する前の当期純利益は20万円でしたが、売掛400万円と買掛200万円の取引によって、利益が20万円から220万円へと200万円増えたことになります。したがって、ＢＳの右側の繰越利益剰余金も200万円増えています。

　ＢＳ左側の「現金及び預金」は全く動きません。この時点では現金の動きはないのです。では、何が動くのでしょう。買掛の仕入れに対して

図表 2-7　商品200万円分を買掛で仕入れ、400万円を売掛で販売するとこうなる！

貸借対照表（BS）

（単位：万円）

資産の部		負債の部	
流動資産		**流動負債**	
現金及び預金	230	買掛金	200
売掛金	400	短期借入金	200
		固定負債	
固定資産		**純資産の部**	
工具器具備品	40	**株主資本**	
		資本金	50
		利益剰余金	
		繰越利益剰余金	220
資産合計	670	**負債・純資産合計**	670

損益計算書（PL）

売上高	460
売上原価	230
売上総利益（粗利）	230
販売費及び一般管理費	
事務用品費	10
営業利益	220
経常利益	220
税引前当期純利益	220
当期純利益	220

キャッシュフロー計算書（CS）

●直接法

営業キャッシュフロー	
営業収入（＋）	60
商品の仕入支出（−）	-30
その他の営業支出（−）	-10
小計	20
営業キャッシュフロー計	20
投資キャッシュフロー	
固定資産取得（−）	-40
投資キャッシュフロー計	-40
財務キャッシュフロー	
短期借入収入（＋）	200
株式発行収入（＋）	50
財務キャッシュフロー計	250
現金及び現金同等物の増減額	230
現金及び現金同等物の期首残高	0
現金及び現金同等物の期末残高	230

●間接法

営業キャッシュフロー	
税引前当期純利益	220
売上債権の増加（−）	-400
仕入債務の増加（＋）	200
小計	20
営業キャッシュフロー計	20
投資キャッシュフロー	
固定資産取得（−）	
投資キャッシュフロー計	
財務キャッシュフロー	
短期借入収入（＋）	
株式発行収入（＋）	
財務キャッシュフロー計	
現金及び現金同等物の増減額	
現金及び現金同等物の期首残高	
現金及び現金同等物の期末残高	

※直接法のキャッシュフローと同じ

は、負債の部に買掛金200万円が計上されます。

買掛金とはどういうものでしょう。もし、取引先に「現金取引しか受け付けない」と言われ、あなたが現金を持っていなければ、あなたは200万円を銀行から借りてきて支払いをしなければなりません。つまり**買掛の商売は、仕入先が「仕入先」と「銀行」の2つの機能を果たしてくれているようなもの**なのです。

ここでもう少し詳しく「負債」の意味を説明すると、負債とは「他人から借りた」という意味ではなく、「将来支払わなければならない義務」のことなのです。将来200万円を支払わなければならない義務（買掛金）を負ったということです。短期借入金の200万円も同じです。これも、将来支払わなければならない義務です。

もしこれが現金の仕入れであれば、ＰＬに200万円の売上原価が計上され、ＰＬの利益が200万円分下がって、それがＢＳの右側を200万円押し下げます。ＢＳの左側は現金が200万円なくなるわけですが、今回は買掛であり、この時点で現金は動きません。**現金が動かないのにＰＬの売上原価に200万円を計上し、それによってＢＳの右側が200万円下がったことに対応するのが、ＢＳの買掛金の200万円なのです。**

ＢＳの売掛金400万円も同じようなものです。今回の売掛で、将来400万円を支払ってもらえる権利を保有しました。その400万円の権利を売掛金として資産に計上するわけです。買掛の仕入れでＰＬを200万円押し下げた分をＢＳの右側に買掛金として認識し、売掛の販売で売上が400万円上がりＰＬを押し上げた分をＢＳの左側に400万円の売掛金として認識するわけです。

これで、ＢＳの左側は売掛金の400万円が増え、ＢＳの右側は買掛金の200万円と繰越利益剰余金の増加分の200万円で合計400万円が増え、**ＢＳの左右が670万円で一致しています（②のつながり）。**

実際の現金の動きを求める

　直接法ＣＳは、現金の動きがありませんから全く動きがありません。間接法ＣＳの「逆算の窓」が今回機能します。売掛の 400 万円は現金の動きがないのに利益を 400 万円押し上げました。買掛の 200 万円は現金の動きがないのに利益を 200 万円押し下げました。つまり、売掛も買掛も現金の動きがないのに「税引前当期純利益」が変化しました。

　現金の動きがないのに変化した「税引前当期純利益」を起点にして現金の動きがないことを表しておくには、売掛によって税引前当期純利益が上がれば、その分を税引前当期純利益から差し引いておく必要があります。また、買掛で利益が下がれば、その分を「税引前当期純利益」に足し戻しておかなければならないのです。つまり、現金の動きがないのに「税引前当期純利益」を押し上げた「売掛金」はその分だけ引き戻して、現金の動きがないのに「税引前当期純利益」を押し下げた「買掛金」は足し戻すのです。

　具体的には「売掛金」は「売上債権の増加」の項目に「－400」を入れて差し引き、「買掛金」は「仕入債務の増加」の項目に「200」を入れて足し戻すことになります。もっと簡単にいえば、**ＢＳの「売掛金」とＣＳの「売上債権の増加」はプラス・マイナスの違いはあれど数字的には連動して動き、ＢＳの「買掛金」とＣＳの「仕入債務の増加」は数字が連動して動く**のです。こうやって、「税引前当期純利益」から実際の現金の動きを求めているのが間接法のＣＳなのです。

　ご理解いただけましたか。たぶん、今回が PART 2 の中でも一番難しいところだと思います。売掛と買掛の概念と、それがどのように財務３表に反映されていくのかがわかれば、会計の基本的な仕組みはかなりわかったことになります。よくわからなければ、もう一度読み返してみてください。ここがポイントです。

PART 2-06

買掛金を支払い 売掛金を回収しても、PLは変化しない？

　では買掛と売掛の商売が成立して、しばらくしてから買掛金を支払い、売掛金の一部が回収できたとします。これらの取引を財務3表に展開してみましょう。

　図表2-8で説明していきます。

　まずは、買掛で仕入れていたグラッパの代金200万円の支払いです。買掛で仕入れた200万円のグラッパは、すでに仕入れたときにPLに売上原価として計上されていますから、買掛金を支払ってもPLは何も変化しません。ここでもおわかりいただけるように、現金の動きとPLの動きは対応していないのです。

　BSは、ここで現金200万円が出ていきます。BSの右側は何が変化するでしょう。そうです、買掛金200万円がなくなります。将来支払わなければならない義務をここで果たしたわけです。**BSは右も左も200万円少なくなり、470万円で一致しています（②のつながり）。**

　直接法CSは、ここで実際に現金が出ていくわけですから「－200」が営業キャッシュフローの中の「商品の仕入支出」として新たに計上されます。ただし、CSは期が始まってからいままでのフロー、つまりいままでの合計額を表しています。すでに現金で仕入れていた「－30」に今回の「－200」が加えられて、期が始まってからこれまでに「－230」が商品の仕入支出として出ていったことを意味しています。

　CSとPLはフロー、つまり期が始まってからいままでの合計額を表し、BSはストック、つまりある時点での資産と負債及び純資産の額がどれだけかを表しているのです。

図表2-8 買掛で仕入れていた商品代金200万円の支払いをするとこうなる！

貸借対照表(BS)　(単位：万円)

資産の部		負債の部	
流動資産		**流動負債**	
現金及び預金	30	買掛金	0
売掛金	400	短期借入金	200
		固定負債	
固定資産		**純資産の部**	
工具器具備品	40	**株主資本**	
		資本金	50
		利益剰余金	
		繰越利益剰余金	220
資産合計	470	**負債・純資産合計**	470

損益計算書(PL)

売上高	460
売上原価	230
売上総利益(粗利)	230
販売費及び一般管理費	
事務用品費	10
営業利益	220
経常利益	220
税引前当期純利益	220
当期純利益	220

キャッシュフロー計算書(CS)

●直接法

営業キャッシュフロー	
営業収入(＋)	60
商品の仕入支出(－)	-230
その他の営業支出(－)	-10
小計	-180
営業キャッシュフロー計	**-180**
投資キャッシュフロー	
固定資産取得(－)	-40
投資キャッシュフロー計	**-40**
財務キャッシュフロー	
短期借入収入(＋)	200
株式発行収入(＋)	50
財務キャッシュフロー計	**250**
現金及び現金同等物の増減額	30
現金及び現金同等物の期首残高	0
現金及び現金同等物の期末残高	**30**

●間接法

営業キャッシュフロー	
税引前当期純利益	220
売上債権の増加(－)	-400
仕入債務の増加(＋)	0
小計	-180
営業キャッシュフロー計	**-180**
投資キャッシュフロー	
固定資産取得(－)	
投資キャッシュフロー計	
財務キャッシュフロー	
短期借入収入(＋)	
株式発行収入(＋)	
財務キャッシュフロー計	
現金及び現金同等物の増減額	
現金及び現金同等物の期首残高	
現金及び現金同等物の期末残高	

直接法のキャッシュフローと同じ

間接法ＣＳは、今回少し違った動きをします。**間接法ＣＳの一番上に持ってくるＰＬの税引前当期純利益は今回の買掛金の支払いでは何も変化していません。220万円のままです（④のつながり）**。しかし、実際には現金200万円が出ていっているのです。このことは、買掛金の支払い、つまり仕入債務が減少したことで表します。

　買掛金が増えると、間接法ＣＳの「仕入債務の増加」が増加しましたが、買掛金が減ると「仕入債務の増加」が減少するわけです。今回の買掛金の支払いで買掛金200万円がなくなりますので、「仕入債務の増加」の「200」が「0」になるわけです。もっと簡単にいえば、ＢＳの「買掛金」とＣＳの「仕入債務の増加」は数字が連動して動くのです。

　これで、**直接法ＣＳの営業キャッシュフローと間接法ＣＳの営業キャッシュフローが一致しています（⑤のつながり）**。

お金を借りなければ会社が回らない

　ここで、「勘定合って銭足らず」のお話をしておきましょう。

　現時点で、みなさんの会社は220万円の「税引前当期純利益」があります。この時点で期末の決算期を迎えたとしましょう。決算期を迎えれば、税金を支払わなければなりません。会社や利益の額にもよりますが、税率は法人税、法人住民税、法人事業税を合わせてだいたい40％くらいです。この税率は税引前当期純利益に対してかけられるのではなく、「課税所得」に対してかけられるのですが、ここでは税引前当期純利益の額と同じ220万円が課税所得だとして、この220万円に対して40％の税金がかかったとしましょう。88万円ですね。あなたの会社は税金88万円を納めなければなりませんが、あなたの会社にいまある現金は30万円です。さあ、どうしますか？　88万円くらいであれば社

長であるあなたのポケットマネーを、あなたの会社に貸し付けて税金を支払う原資とすることもできるでしょう。

しかし、もしいまやっているビジネスが2桁くらい大きいものだとしたらどうでしょう。8800万円の税金です。でもあなたの会社にはいま3000万円しかない。さあ、どうしますか？

あなたの会社は、税金を支払うために銀行からお金を借りないといけないのです。そして、このような状況が、現実の会社では一般的なのです。買掛金の支払いが先で、売掛金の回収が後というのが商売の流れとしてはふつうですから。

これが「勘定合って銭足らず」の状況です。**利益は出ているのに、手元には税金を支払うための現金もないという状況**です。「勘定合って銭足らず」の状況が感覚的につかめたでしょうか。

売掛金の回収とPL

次は、売掛金の回収です。売掛金400万円のうち300万円が回収できたとします。

図表2-9で説明していきましょう。

買掛金と同じように、売掛金400万円はすでにPLに計上していますから、売掛金を回収してもPLに動きはありません。

BSの現金及び預金は、300万円増えて330万円になっています。その下の売掛金は300万円が回収できたのですから、「400」が「100」に減っています。**将来支払ってもらえる権利400万円が、300万円を回収したことにより残り100万円になった**ということです。数字的には売掛金の300万円分が、上の「現金及び預金」の項目に移っただけですね。

図表 2-9 売掛金400万円のうち300万円を回収するとこうなる！

貸借対照表（BS） （単位：万円）

資産の部		負債の部	
流動資産		**流動負債**	
現金及び預金	330	買掛金	
売掛金	100	短期借入金	200
		固定負債	
固定資産		**純資産の部**	
工具器具備品	40	**株主資本**	
		資本金	50
		利益剰余金	
		繰越利益剰余金	220
資産合計	470	**負債・純資産合計**	470

損益計算書（PL）

売上高	460
売上原価	230
売上総利益（粗利）	230
販売費及び一般管理費	
事務用品費	10
営業利益	220
経常利益	220
税引前当期純利益	220
当期純利益	220

キャッシュフロー計算書（CS）

● 直接法

営業キャッシュフロー	
営業収入（＋）	360
商品の仕入支出（−）	-230
その他の営業支出（−）	-10
小計	120
営業キャッシュフロー計	**120**
投資キャッシュフロー	
固定資産取得（−）	-40
投資キャッシュフロー計	**-40**
財務キャッシュフロー	
短期借入収入（＋）	200
株式発行収入（＋）	50
財務キャッシュフロー計	**250**
現金及び現金同等物の増減額	330
現金及び現金同等物の期首残高	0
現金及び現金同等物の期末残高	**330**

● 間接法

営業キャッシュフロー	
税引前当期純利益	220
売上債権の増加（−）	-100
仕入債務の増加（＋）	
小計	120
営業キャッシュフロー計	**120**
投資キャッシュフロー	
固定資産取得（−）	
投資キャッシュフロー計	
財務キャッシュフロー	
短期借入収入（＋）	
株式発行収入（＋）	
財務キャッシュフロー計	
現金及び現金同等物の増減額	
現金及び現金同等物の期首残高	
現金及び現金同等物の期末残高	

（間接法の投資・財務キャッシュフロー以下は直接法のキャッシュフローと同じ）

直接法ＣＳは、営業キャッシュフローの「営業収入」が300万円増えます。ここもすでに現金で販売していた60万円がありましたから、期が始まってからいままでの営業収入の合計は360万円になっています。**ＣＳの一番下の残高とＢＳの「現金及び預金」が330万円で一致しています（③のつながり）。**

　間接法ＣＳの一番上の税引前当期純利益は、相変わらず220万円のままです（④のつながり）。しかし今回の売掛金の回収で、現金は実際に300万円入ってきているわけです。このことが、間接法ＣＳでは「売上債権の増加」の変動ということで「－400」が「－100」になり、「300」増えたということで表されています。

　間接法ＣＳでは、売掛金が増えれば、「売上債権の増加」をマイナスして現金の動きを求めていたわけですが、売掛金が減れば、「売上債権の増加」をプラスし現金の動きを求めるわけです。もっと簡単にいえば、プラスとマイナスの違いはありますが、ＢＳの「売掛金」の数字とＣＳの「売上債権の増加」の数字は連動して動くのです。

　これで**直接法ＣＳの営業キャッシュフローと間接法ＣＳの営業キャッシュフローが一致していますね（⑤のつながり）。**

　このように、買掛金の支払いや売掛金の回収では、ＰＬに変化はないのです。

PART 2-07

借入金の元金の支払額は、PLのどこに表れるのか？

　売掛金も回収できたので、起業したときに借りた短期借入金を返済しておくことにしましょう。借入金200万円に対して10万円の利息がかかったとします。

　短期借入金200万円を借り入れたときにPLは何も動きませんでしたね。ですから、200万円を返してもPLは何も変化しません。このように、財務活動によるキャッシュフローはPLには影響しないのです。

　ただ、利息は別です。あなたの会社は借入をして事業活動をしているわけですから、この借入に対する利息は何らかの形でPLの費用として計上しておく必要があります。PART1で説明したように、支払利息は営業外費用に計上されることになっています。

　図表2-10を見ながら説明していきましょう。PLの営業外費用のところに「支払利息」として10万円が計上されます。この影響で**当期純利益が10万円押し下げられ、BSの繰越利益剰余金が10万円少なくなります（①のつながり）**。

　BSの現金及び預金は、短期借入金の元金の200万円と利息の10万円の合計の210万円が少なくなり、120万円になっています。BSの右側は、短期借入金を返済したのですから、短期借入金が「0」になっています。これでBSの右側は短期借入金が「200」少なくなり、繰越利益剰余金が「10」下がり、合計「210」減りました。BSの左側は現金が「210」出ていきましたから、**BSの左右の合計が一致しています（②のつながり）**。

　直接法CSは、利息の支払いは営業キャッシュフローの「小計」の下

図表2-10 短期借入金200万円の返済と利息10万円の支払いをするとこうなる！

貸借対照表(BS)　(単位：万円)

資産の部

流動資産
- 現金及び預金　120
- 売掛金　100

固定資産
- 工具器具備品　40

資産合計　260

負債の部

流動負債
- 買掛金
- 短期借入金　0

固定負債

純資産の部

株主資本
- 資本金　50
- 利益剰余金
  - 繰越利益剰余金　210

負債・純資産合計　260

損益計算書(PL)

売上高	460
売上原価	230
売上総利益（粗利）	230
販売費及び一般管理費	
事務用品費	10
営業利益	220
営業外費用	
支払利息	10
経常利益	210
税引前当期純利益	210
当期純利益	210

キャッシュフロー計算書(CS)

●直接法

営業キャッシュフロー
- 営業収入(+)　360
- 商品の仕入支出(−)　-230
- その他の営業支出(−)　-10
- 小計　120
- 利息の支払額(−)　-10
- **営業キャッシュフロー計　110**

投資キャッシュフロー
- 固定資産取得(−)　-40
- **投資キャッシュフロー計　-40**

財務キャッシュフロー
- 短期借入収入(+)　200
- 短期借入返済(−)　-200
- 株式発行収入(+)　50
- **財務キャッシュフロー計　50**

現金及び現金同等物の増減額　120
現金及び現金同等物の期首残高　0
現金及び現金同等物の期末残高　120

●間接法

営業キャッシュフロー
- 税引前当期純利益　210
- 支払利息(+)　10
- 売上債権の増加(−)　-100
- 仕入債務の増加(+)
- 小計　120
- 利息の支払額(−)　-10
- **営業キャッシュフロー計　110**

投資キャッシュフロー
- 固定資産取得(−)
- **投資キャッシュフロー計**

財務キャッシュフロー
- 短期借入収入(+)
- 短期借入返済(−)
- 株式発行収入(+)
- **財務キャッシュフロー計**

現金及び現金同等物の増減額
現金及び現金同等物の期首残高
現金及び現金同等物の期末残高

＊直接法のキャッシュフローと同じ

に表れます。元金の返済は、財務キャッシュフローでしたね。財務キャッシュフローの短期借入返済に「－200」が計上されています。**ＣＳの一番下の残高とＢＳの「現金及び預金」が 120 万円で一致しています（③のつながり）**。

　今回は、間接法ＣＳが少しややこしくなります。**間接法ＣＳの一番上の税引前当期純利益には、ＰＬの支払利息の 10 万円が反映された「210」がきています（④のつながり）**。ところが、ＣＳの営業キャッシュフローの「小計」の下にも「利息の支払額」の項目があります。これでは、ＰＬで一度反映された利息の 10 万円が 2 度計上されることになり、直接法ＣＳと間接法ＣＳの営業キャッシュフローが合わなくなってしまいます。

　実は、間接法ＣＳの営業キャッシュフローの「小計」の上に「支払利息」の項目があり、ここで 10 万円足し戻しています。これで、直接法ＣＳと間接法ＣＳの営業キャッシュフローは一致しますね。

　これはどういうことでしょうか？　営業キャッシュフローの「小計」は、純粋な営業キャッシュフローを表すためのものでした。利息は、純粋な営業キャッシュフローには含まれない。だから、「小計」の下にあるのです。純粋な営業キャッシュフローを求めようと思えば、利息の影響は排除しておく必要があります。そこで**ＰＬで反映された「支払利息」の 10 万円を、間接法ＣＳの「小計」の上の「支払利息」の項目で相殺している**のです。

　もう少し詳しく説明しておきます。実際の企業の財務3表を見ますと、ＰＬの「支払利息」と、間接法ＣＳの「小計」の下の「利息の支払額」は数字が微妙に違っている場合があります。これは、ＰＬの「支払利息」は今期に支払うべき理論上の支払額で、ＣＳの「利息の支払額」は今期に実際に支払った利息の額が計上されるからです。

　ＰＬは損益の状況を正しく表すためにありますから、計算上の支払う

べき金額が記載されていて、ＣＳは実際の現金の動きを表していますので、実際に支払われた額が記載されているということです。

> ### Column　費用計上か資産計上か
>
> 　ＢＳの右側と左側はバランスするといいましたが、事務用品10万円を購入したところで疑問に思っている人もいるのではないでしょうか。会計の研修をしていても、「現金で事務用品を買って、いまその事務用品が会社の中にあるのに、ＢＳの資産の部に出てこないのはどうしてか？」との質問を受けます。
>
> 　会計的に厳密にいえば、事務用品も買った時点では資産に計上し、期末に棚卸しをして使ったものだけを費用として計上するのが望ましい姿です。しかし、金額的に重要でないものは、資産に計上するのではなく、最初からＰＬの費用として計上するのが一般的です。そして、費用として計上したものは基本的に期末までに使いきって、会社には資産として残っていないと認識するのです。
>
> 　基本的に期末までに使いきるものは費用として計上し、期末に資産として会社に残っているものはＢＳの資産の部に計上されます。しかし、一部に例外があります。それが次に説明する「繰延資産」です。

PART 2-08

費用なのに資産になる？「繰延資産」とはどんなものか？

　ここで、繰延資産について説明しておきましょう。その期に使ってしまって資産に残っていないものは、その期に費用計上するのが原則です。

　しかし、その費用の効果が将来にわたって現れるようなものの一部は、その期に費用計上するのではなく、資産計上することが認められています。例えば創立費です。創立費とは会社の創立にかかる登記費用などですが、創立費は会社設立初年度だけに関係するものではありませんね。会社の将来にわたって影響する費用です。このようなものを、繰延資産として資産計上するのです。

　創立費30万円を会計上どう処理するか、図表 2-11 で説明しましょう。

　ＢＳの左側の現金及び預金が、30万円少なくなりますね。その30万円を、繰延資産の創立費として計上するのです。創立費は、すでにお金を使いきっていて資産としては残っていないのですが、**お金を使いきっていてもその成果が将来に影響するようなものを繰延資産として計上する**のです。ちなみにこの創立費は、固定資産と同じように償却していきます。

　直接法ＣＳは、投資キャッシュフローの欄に「その他投資支出」として「－30」が計上されています。

　繰延資産として計上できるものには制限があり、2006年5月に会社法が施行されてからは、「創立費」の他には、会社設立後営業開始までに支出した開業準備費用などの「開業費」、開発費用の一部の「開発費」、会社の財務活動によって発生する「社債発行費等」と「株式交付費」の5項目に限定されています。

図表2-11　創立費30万円を計上するとこうなる！

貸借対照表（BS）
（単位：万円）

資産の部		負債の部	
流動資産		**流動負債**	
現金及び預金	90	買掛金	
売掛金	100	短期借入金	0
		固定負債	
固定資産		**純資産の部**	
工具器具備品	40	**株主資本**	
		資本金	50
繰延資産		利益剰余金	
創立費	30	**繰越利益剰余金**	**210**
資産合計	**260**	**負債・純資産合計**	**260**

損益計算書（PL）

売上高	460
売上原価	230
売上総利益（粗利）	230
販売費及び一般管理費	
事務用品費	10
営業利益	220
営業外費用	
支払利息	10
経常利益	210
税引前当期純利益	210
当期純利益	210

① → 繰越利益剰余金（PLの当期純利益 → BS）
②
③
④ → CS（間接法）税引前当期純利益

キャッシュフロー計算書（CS）

●**直接法**

営業キャッシュフロー	
営業収入（＋）	360
商品の仕入支出（－）	-230
その他の営業支出（－）	-10
小計	**120**
利息の支払額（－）	-10
営業キャッシュフロー計	**110**
投資キャッシュフロー	
固定資産取得（－）	-40
その他投資支出（－）	-30
投資キャッシュフロー計	**-70**
財務キャッシュフロー	
短期借入収入（＋）	200
短期借入返済（－）	-200
株式発行収入（＋）	50
財務キャッシュフロー計	**50**
現金及び現金同等物の増減額	90
現金及び現金同等物の期首残高	0
現金及び現金同等物の期末残高	**90**

●**間接法**

営業キャッシュフロー	
税引前当期純利益	**210**
支払利息（＋）	10
売上債権の増加（－）	-100
仕入債務の増加（＋）	
小計	**120**
利息の支払額（－）	-10
営業キャッシュフロー計	**110**
投資キャッシュフロー	
固定資産取得（－）	
その他投資支出（－）	
投資キャッシュフロー計	
財務キャッシュフロー	
短期借入収入（＋）	
短期借入返済（－）	
株式発行収入（＋）	
財務キャッシュフロー計	
現金及び現金同等物の増減額	
現金及び現金同等物の期首残高	
現金及び現金同等物の期末残高	

※直接法のキャッシュフローと同じ

⑤

PART 2-09

「棚卸しによって その期の利益が増える」 とはどういうことか?

　グラッパの販売も好調で、アッという間に期末を迎えたとします。ここからは決算整理という、経理部門の人が期末に決算書を作り上げていく段階の説明です。

　これまで、「現金で30万円分、買掛で200万円分のグラッパを仕入れ、現金で60万円売り上げ、売掛で400万円販売した」と言ってきました。しかし、一度も「30万円で仕入れたグラッパを60万円で売った」とか、「200万円で仕入れたグラッパを400万円で販売した」とは言っていません。

　つまり、現時点の460万円の売上を作るのにどれだけのグラッパを販売したのかは、この時点ではわかっていないのです。いま仮にあなたの会社の棚を見てみたらグラッパが10万円分残っていたとします。すると、今期の460万円の売上は、実は仕入額として220万円のグラッパを販売して作ったものになりますね。このように、**棚卸しをして在庫と売上原価を確定していく**わけですが、このことが財務3表にどのように展開されていくのか見てみましょう。

　今回のグラッパの販売では、各売上に対する売上原価は把握されているのがふつうかもしれません。しかし、スーパーマーケットなどの一般の小売業では、売上に対する売上原価を販売のつど対比させているわけではありません。売上高は売上高として1年間伝票が積み上がり、仕入高は仕入高として1年間伝票が積み上がります。そして、期末に棚卸しをした時点でその期の在庫と正しい売上原価が確定されるのです。

　まずは、その期の売上原価の計算方法を**図表2-12**で説明しましょう。

図表2-12　売上原価の計算

期首商品棚卸高 0万円	売上原価 220万円
当期商品仕入高 230万円	
	期末商品棚卸高 10万円

　今期の売上原価は、期首の商品棚卸高（これは期首の在庫のことですが、今期は初年度ですから、当然「0」ですね）に当期商品仕入高の230万円（現金での仕入30万円＋買掛での仕入200万円）を足して、それから期末の商品棚卸高（期末の在庫のことです）10万円を差し引いて求められます。

　これを図表2-13の財務3表に表すと、ＰＬの売上原価の「期首商品棚卸高」は「0」です。「当期商品仕入高」が「230」で、「期末商品棚卸高」が「10」ですから、今期の売上原価は差し引き「220」になります。つまり、今期の営業実態としては、仕入額220万円の商品を販売して460万円の売上をあげていたわけです。このように**在庫を認識すれば、在庫の額だけ売上原価が減り、利益は増えることになります。**

　この在庫認識により当期の売上原価が確定され、そのことによって当期純利益が10万円増え220万円になります。ということは、**ＢＳの繰越利益剰余金も10万円増え220万円になります（①のつながり）**。ところが、棚卸しによって在庫を認識しただけですから現金は全く動きま

図表2-13 棚卸しによる在庫10万円分を認識するとこうなる！

貸借対照表(BS)

(単位：万円)

資産の部		負債の部	
流動資産		**流動負債**	
現金及び預金	90	買掛金	
売掛金	100	短期借入金	0
商品	10		
		固定負債	
固定資産		**純資産の部**	
工具器具備品	40	**株主資本**	
		資本金	50
繰延資産		利益剰余金	
創立費	30	繰越利益剰余金	220
資産合計	270	**負債・純資産合計**	270

損益計算書(PL)

売上高	460
売上原価	
期首商品棚卸高	0
当期商品仕入高	230
期末商品棚卸高	10
差引	220
売上総利益(粗利)	240
販売費及び一般管理費	
事務用品費	10
営業利益	230
営業外費用	
支払利息	10
経常利益	220
税引前当期純利益	220
当期純利益	220

キャッシュフロー計算書(CS)

●直接法

営業キャッシュフロー	
営業収入(+)	360
商品の仕入支出(−)	-230
その他の営業支出(−)	-10
小計	120
利息の支払額(−)	-10
営業キャッシュフロー計	**110**
投資キャッシュフロー	
固定資産取得(−)	-40
その他投資支出(−)	-30
投資キャッシュフロー計	**-70**
財務キャッシュフロー	
短期借入収入(+)	200
短期借入返済(−)	-200
株式発行収入(+)	50
財務キャッシュフロー計	**50**
現金及び現金同等物の増減額	90
現金及び現金同等物の期首残高	0
現金及び現金同等物の期末残高	**90**

●間接法

営業キャッシュフロー	
税引前当期純利益	220
支払利息(+)	10
売上債権の増加(−)	-100
棚卸資産の増加(−)	-10
仕入債務の増加(+)	
小計	120
利息の支払額(−)	-10
営業キャッシュフロー計	**110**
投資キャッシュフロー	
固定資産取得(−)	
その他投資支出(−)	
投資キャッシュフロー計	
財務キャッシュフロー	
短期借入収入(+)	
短期借入返済(−)	
株式発行収入(+)	
財務キャッシュフロー計	
現金及び現金同等物の増減額	
現金及び現金同等物の期首残高	
現金及び現金同等物の期末残高	

直接法のキャッシュフローと同じ

せん。では、ＢＳの左側はどこが変化するのでしょうか？　そうです。商品という在庫を、ここで会計上10万円分認識するわけです。これで**ＢＳの左右は10万円ずつ増えて270万円で一致しています（②のつながり）**。

　現金の動きがありませんから、直接法ＣＳは全く動きません。**間接法ＣＳの一番上には、在庫を認識したことにより10万円利益が上がった「税引前当期純利益」の「220」がきます（④のつながり）**。しかし、現金の動きはないわけですから、この在庫認識の影響を相殺しておかなければなりません。これが、「棚卸資産の増加」の「－10」です。これで、「現金に動きはない」という実際の現金の状態がわかるわけです。

Column　在庫水増しによる粉飾

　この在庫認識の方法を使って粉飾をする会社があります。粉飾といえば、利益を減らして税金を減らすために行われると思うかもしれませんが、世の中で大きな問題になる粉飾は赤字を黒字に見せかける粉飾です。

　実際には10万円しかない在庫を30万円あるとすれば、その分だけ原価が減って利益が増えます。そういう意味では財務諸表だけから粉飾を見抜くのはきわめて難しいといえます。現場に行って本当に財務諸表に記載されている在庫があるかどうか見てみないと、粉飾は見抜けないのです。

PART 2-10

「費用計上しても現金が出ていかない費用」とは何のこと？

　期首に40万円のコンピュータを購入し、このコンピュータを使って商売をしてきたわけですが、このコンピュータの費用はまだＰＬに計上されていません。

　このコンピュータを使って売上をあげてきたわけですから、この売上に対応するコンピュータの費用として何らかの形で費用計上しなければなりません。しかし、このコンピュータの費用をコンピュータを購入した年にだけ、購入費用の全額40万円を計上していいでしょうか。このコンピュータは来年も、またその翌年も使います。

　このコンピュータを使って来年もその翌年も売上をあげていくわけなのに、今期に40万円すべてを費用として計上すると、今期の利益だけが著しく少なくなり、来期以降はコンピュータの費用が計上されないということになります。

　これでは売上と費用の対応がおかしくなり、毎期の損益が正しく表せなくなりますね。そこで考案されたのが、「減価償却」という考え方です。

　図表2-14 で示すように、**減価償却とは、コンピュータや機械装置などの費用をそれが使われる期間で按分して費用計上していこうというもの**です。

　税法ではコンピュータの耐用年数は4年と決められています。今回は40万円のコンピュータを4年間、毎年10万円ずつ費用計上していくとしましょう。このように**毎年同じ額を計上する方法を定額法**といいます。もう1つ一般的な計上方法に**定率法**があります。これは**毎年同じ率で計上する方法**です。

図表2-14　減価償却の考え方

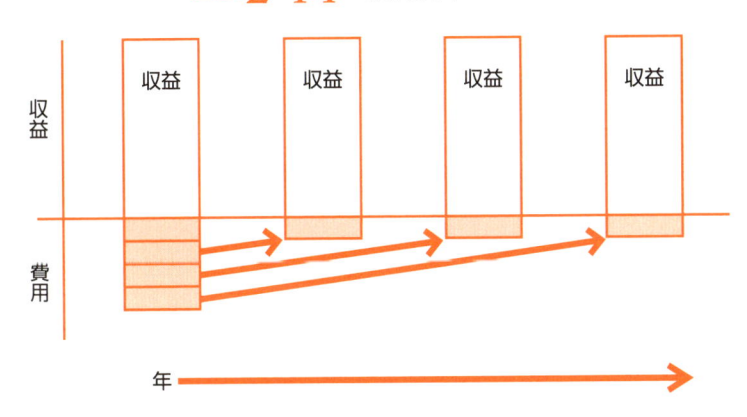

　注意していただきたいのは、コンピュータの支払いは、期首のコンピュータ購入時に行われているわけで、減価償却費の計上によって現金の動きは全くありません。減価償却費とは、今期のＰＬの正しい損益を計算するために、今期使った分のコンピュータの価値を費用としてＰＬに計上するということです。

　図表2-15 をご覧ください。

　ＰＬの販売費及び一般管理費の「減価償却費」に10万円を計上します。この影響で、**当期純利益とＢＳの繰越利益剰余金が10万円下がりましたね（①のつながり）**。

　けれども、減価償却費の計上で現金が動くわけではありませんから、ＢＳの左側の現金は全く変化しません。では、何が変化するのでしょうか。そうです。今期、コンピュータの価値の10万円分を使って仕事をしたのですから、ＰＬへの減価償却費10万円の計上に対応して、ＢＳのコンピュータの帳簿上の価値が10万円下がる（工具器具備品40万円が30万円に）という形になるわけです。**これによってＢＳはバラン**

図表2-15　減価償却費10万円分を計上するとこうなる！

貸借対照表（BS）

（単位：万円）

資産の部		負債の部	
流動資産		**流動負債**	
現金及び預金	90	買掛金	
売掛金	100	短期借入金	
商品	10	未払法人税等	
		固定負債	
固定資産		**純資産の部**	
工具器具備品	30	**株主資本**	
		資本金	50
繰延資産		利益剰余金	
創立費	30	繰越利益剰余金	210
資産合計	260	**負債・純資産合計**	260

損益計算書（PL）

売上高		460
売上原価		
	期首商品棚卸高	0
	当期商品仕入高	230
	期末商品棚卸高	10
	差引	220
売上総利益（粗利）		240
販売費及び一般管理費		
	事務用品費	10
	減価償却費	10
営業利益		220
営業外費用		
	支払利息	10
経常利益		210
税引前当期純利益		210
	法人税等	
当期純利益		210

キャッシュフロー計算書（CS）

●直接法

営業キャッシュフロー		
	営業収入（+）	360
	商品の仕入支出（−）	-230
	その他の営業支出（−）	-10
	小計	120
	利息の支払額（−）	-10
営業キャッシュフロー計		110
投資キャッシュフロー		
	固定資産取得（−）	-40
	その他投資支出（−）	-30
投資キャッシュフロー計		-70
財務キャッシュフロー		
	短期借入収入（+）	200
	短期借入返済（−）	-200
	株式発行収入（+）	50
財務キャッシュフロー計		50
現金及び現金同等物の増減額		90
現金及び現金同等物の期首残高		0
現金及び現金同等物の期末残高		90

●間接法

営業キャッシュフロー		
	税引前当期純利益	210
	減価償却費（+）	10
	支払利息（+）	10
	売上債権の増加（−）	-100
	棚卸資産の増加（−）	-10
	仕入債務の増加（+）	
	小計	120
	利息の支払額（−）	-10
営業キャッシュフロー計		110
投資キャッシュフロー		
	固定資産取得（−）	
	その他投資支出（−）	
投資キャッシュフロー計		
財務キャッシュフロー		
	短期借入収入（+）	
	短期借入返済（−）	
	株式発行収入（+）	
財務キャッシュフロー計		
現金及び現金同等物の増減額		
現金及び現金同等物の期首残高		
現金及び現金同等物の期末残高		

※投資キャッシュフロー以下は直接法のキャッシュフローと同じ

スします（②のつながり）。これで、減価償却費の意味が完全に頭に入ったと思います。

　現金の動きがありませんから、直接法ＣＳに動きはありません。**ＣＳの一番下の残高とＢＳの「現金及び預金」は90万円のままで一致しています（③のつながり）。**

　間接法ＣＳの一番上には、減価償却費の影響を受けた税引前当期純利益「210」がきます（④のつながり）。でも実際には現金は動いていませんから、この減価償却費の影響を相殺しておく必要があります。それが「減価償却費」の「10」です。減価償却費が増えれば、間接法ＣＳではその分を足し戻しておかなければならないのです。**直接法と間接法の営業キャッシュフローは110万円のままで一致しています（⑤のつながり）。**

　この減価償却と、売掛・買掛といった掛け商売が、現金の動きがないのにＰＬの利益を大きく変動させるものです。この２つの種類の取引が理解できれば、複式簿記会計の一番難しいところは理解できたと思っていいでしょう。

PART 2-11

法人税は
いつ支払うのか？

　最後に法人税を計上しましょう。話を簡単にするために、80万円の法人税がかかるとしてこれを計上しておきましょう。

　ただ、法人税はその期のＰＬに計上するのですが、財務3表を作る期末の時点で法人税を支払うわけではないのです。法人税は各事業年度終了の日の翌日から2カ月以内に支払えばよいことになっています。つまり、その期の法人税は翌期になってから支払われるのです。ですから、**法人税を計上した時点では実際に現金が出ていってはいない**のです。

　図表2-16をご覧ください。ＰＬの「法人税等」に80万円が入り、「当期純利益」が80万円押し下げられ130万円になりました。これにより、ＢＳの純資産の部も80万円下がったわけですが、この時点で現金が出ていっているわけではありませんから、ＢＳの左側は動きません。どうなるのでしょう。そうです。ＢＳの負債の部に「未払法人税等」として80万円が計上されるのです。**会社は、将来支払わなければならない義務として80万円の法人税等を認識した**わけです。

　この段階で法人税を支払っているわけではありませんから、ＣＳは直接法・間接法ともに動きはありません。

　ここで注意しておいていただきたいのは、同じ期の**ＰＬに計上されている「法人税等」と、ＣＳに計上されている「法人税等の支払額」は常に異なる数字である**ということです。ＰＬに計上される「法人税等」は、当期の正しい利益を計算するための当期分の法人税です。しかし、ＣＳに計上される「法人税等の支払額」は、前期に確定した法人税を当期に支払った額のことなのです。

図表2-16　法人税等80万円を計上するとこうなる！

貸借対照表（BS） （単位：万円）

資産の部		負債の部	
流動資産		**流動負債**	
現金及び預金	90	買掛金	
売掛金	100	短期借入金	
商品	10	未払法人税等	80
		固定負債	
固定資産		**純資産の部**	
工具器具備品	30	**株主資本**	
		資本金	50
繰延資産		利益剰余金	
創立費	30	繰越利益剰余金	130
資産合計	260	**負債・純資産合計**	260

損益計算書（PL）

売上高	460
売上原価	
期首商品棚卸高	0
当期商品仕入高	230
期末商品棚卸高	10
差引	220
売上総利益（粗利）	240
販売費及び一般管理費	
事務用品費	10
減価償却費	10
営業利益	220
営業外費用	
支払利息	10
経常利益	210
税引前当期純利益	210
法人税等	80
当期純利益	130

キャッシュフロー計算書（CS）

●直接法

営業キャッシュフロー	
営業収入（＋）	360
商品の仕入支出（－）	-230
その他の営業支出（－）	-10
小計	120
利息の支払額（－）	-10
法人税等の支払額（－）	0
営業キャッシュフロー計	110
投資キャッシュフロー	
固定資産取得（－）	-40
その他投資支出（－）	-30
投資キャッシュフロー計	-70
財務キャッシュフロー	
短期借入収入（＋）	200
短期借入返済（－）	-200
株式発行収入（＋）	50
財務キャッシュフロー計	50
現金及び現金同等物の増減額	90
現金及び現金同等物の期首残高	0
現金及び現金同等物の期末残高	90

●間接法

営業キャッシュフロー	
税引前当期純利益	210
減価償却費（＋）	10
支払利息（＋）	10
売上債権の増加（－）	-100
棚卸資産の増加（－）	-10
仕入債務の増加（＋）	
小計	120
利息の支払額（－）	-10
法人税等の支払額（－）	0
営業キャッシュフロー計	110
投資キャッシュフロー	
固定資産取得（－）	
その他投資支出（－）	
投資キャッシュフロー計	
財務キャッシュフロー	
短期借入収入（＋）	
短期借入返済（－）	
株式発行収入（＋）	
財務キャッシュフロー計	
現金及び現金同等物の増減額	
現金及び現金同等物の期首残高	
現金及び現金同等物の期末残高	

※投資キャッシュフロー以下は直接法のキャッシュフローと同じ

PART 2-12

配当金を支払うとは
どういうことなのか？

　これで1年間の主だった取引は終わりです。最後に配当について説明しておきましょう。通常、利益が出れば会社は株主に配当しますが、株主に配当金を支払うということはどういう意味なのでしょうか。

　ここからの話は、会社は株主のものであるという資本主義の論理に則って進めていきます。日本では会社はだれのものかという議論はいろいろありますが、**資本主義の論理に従えば会社は株主のもの**です。

　図表2-17をご覧ください。ＢＳが会社を表していると思ってください。ここでは話をわかりやすくするために、ある株主がこの会社の100％の株式を保有していると思ってください。

　この会社が1年間事業活動を行い、売上をあげ、すべての費用を差し引くと「当期純利益」という利益が残ります。さて、この利益はだれのものでしょう。

　この利益は株主のものです。そういっても何となく違和感がある人もおられるでしょう。会社が稼ぎ出した利益だから会社のものだと思われる人もいると思います。しかし、**会社は株主のものだからこの利益は株主のもの**なのです。

　株主は何のためにこの会社に出資しているのでしょうか。もちろん目的はさまざまですが、一般的に共通する理由は、株主は株式投資によって自分の持っているお金を増やしたいと思うから株に投資するのです。

　世の中には株式投資以外にもいくらでもお金を増やす方法があります。定期預金に預ける、国債を買う、不動産に投資するなどです。いろんな利殖方法の1つとして株式投資をしていたと考えてください。ただ、

図表2-17　配当とは何か

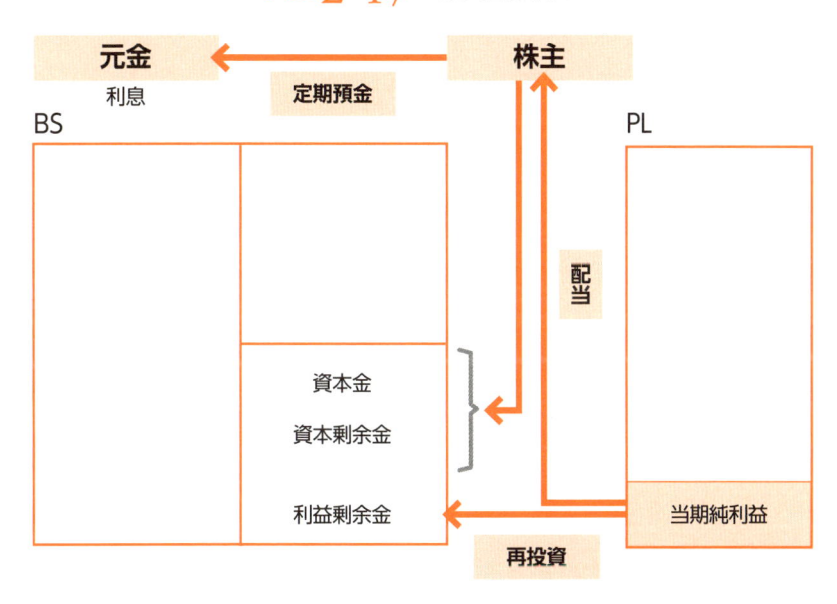

株式投資は株価が変化するというリスクがあります。この株主は安全に自分のお金を増やすために、株式投資をやめて定期預金にお金を預けることにしたとしましょう。

　例えば100万円を定期預金にしたとして、年利1％の定期預金だと1年間に1万円の利息がつきます。さて、この利息はだれのものでしょう。考えるまでもありませんね。この利息は定期預金をしているこの株主のものです。実は**定期預金における元金と利息の関係が、株式投資における資本金と当期純利益の関係によく似ている**のです。

　定期預金における利息の1万円は、満期になるたびにそれを引き出して元金だけを定期預金として運用するのか、それとも利息の1万円を自動的に元金に加えて複利で運用するのかは、この株主が定期預金を始めるときにその運用方法を選べますね。

株式投資においては、この定期預金の利息に当たる当期純利益を毎期引き出すのが配当です。配当せずに、この事業という金融商品に再投資して複利で運用するのが利益剰余金なのです。ただ、**図表2-17**の線は少し間違っています。正しくいえば、当期純利益はいったんすべて利益剰余金に積み上がって、その利益剰余金の中から「外部に支払われる配当」と「内部に残る利益剰余金」に分かれるのです。

　読者のみなさんによく理解しておいていただきたいのは、**定期預金における元金と利息の関係が、株式投資における資本金と当期純利益の関係によく似ている**ということ。そして、「当期純利益」と「配当」と「利益剰余金を含むBSの純資産の部」の3つは密接に関係しているということです。

純資産の部について

　では、ここでBSの純資産の部を詳しく説明しておきましょう。**図表2-18**をご覧ください。

　2006年5月に会社法が施行される前は、「純資産の部」は「資本の部」と呼ばれていました。そして、「資本の部」の中の項目も少し違いがありました。ただ、**「資本金」「資本剰余金」「利益剰余金」の3つの大項目に変わりはなく、それぞれの大項目の中が同じような並びになるように名前が整理されています**。その他、新しい項目として、「繰延ヘッジ損益」や「新株予約権」などがありますが、金額的にいえばほとんどが「資本金」「資本剰余金」「利益剰余金」の3項目の中に入っていますので、本書ではこの3つの項目とその中身について説明します。

　まず、「資本金」から説明しましょう。これは、特別な説明は要りませんね。資本家から入れてもらったものが資本金です。

図表2-18 会社法施行による純資産の部の変化

従来の資本の部

- I 資本金
- II 資本剰余金
    1. 資本準備金
    2. その他資本剰余金
- III 利益剰余金
    1. 利益準備金
    2. 任意積立金
    3. 当期未処分利益
- IV 土地再評価差額金
- V その他有価証券評価差額金
- VI 自己株式

新会社法による純資産の部

- I 株主資本
    1. 資本金
    2. 資本剰余金
        (1) 資本準備金
        (2) その他資本剰余金
    3. 利益剰余金
        (1) 利益準備金
        (2) その他利益剰余金
            任意積立金
            繰越利益剰余金
    4. 自己株式
- II 評価・換算差額等
    1. その他有価証券評価差額金
    2. 繰延ヘッジ損益
    3. 土地再評価差額金
- III 新株予約権

　その下に大きな項目として「資本剰余金」と「利益剰余金」というよく似た名前の項目が並んでいますが、**この2つは全く異なる種類のもの**です。

　資本剰余金の中の「資本準備金」は、「払込資本のうち資本金に入れないもの」というあっさりした定義です。では「資本準備金」がどんなときに出てくるかを説明しておきましょう。

　会社法では資本金が5億円以上の会社を「大会社」と規定しています。大会社になるといろいろな規制が強化されるので大会社とはしたくないが、資本は6億円必要といったような場合に、資本金4億円、資本準備金2億円などとして「資本準備金」が出てきます。

また、税法上は資本金1億円以下の法人は「中小法人」とされ、税率が低くなるといった特典があります。**資本金を増やさずに資本準備金を増やしている場合**などに「資本準備金」が出てきます。

　以上の説明のように、資本金と資本剰余金は株主から注入されている資本に関係するものです。財務の専門家などは、この資本金と資本剰余金の額はセットで見ている場合が多いようです。「その他資本剰余金」は、減資や資本準備金の取り崩しをしたときに出てくる差損益を入れておく項目ですが、どの会社も金額的にはほとんど数字が入っていませんので、本書では説明を割愛します。

　次の「利益剰余金」は「資本剰余金」と言葉は似ていますが全く異なる種類のものです。**「利益剰余金」は株主から注入されたものではなく、会社が稼ぎ出した利益がＢＳに積み上がったもの**です。

　利益剰余金の一番上の「利益準備金」は、法律で積み立てることが求められているものです。利益が出たときにその全額を配当することは禁じられています。配当する場合は、資本準備金の額と合わせて資本金の4分の1になるまで、配当金の10分の1を利益準備金として積み立てることが求められています。いま仮に資本準備金がないと仮定し、配当する場合、配当金の10分の1の額を内部留保として利益準備金に積み立てなければならないのです。

　法律で定められた強制的な内部留保とは別に、会社が任意に内部留保として積み立てるのが「任意積立金」です。稼ぎ出した利益を、配当として外部に分配するか、任意積立金として内部に留保するかは原則的に株主総会での決議が必要ですので、「会社が決める」というより「株主が決める」と言ったほうがよいかもしれません。任意積立金には「配当平均積立金」や「事業拡張積立金」など、積み立て目的を明示したものや、積み立て目的を明示しない「別途積立金」などがあります。

PART 2-13

「株主資本等変動計算書」とは何か？

　これまで「財務3表」という言い方をしてきましたが、実はこれから説明する「株主資本等変動計算書」という表を加えて、合わせて4つの表で財務諸表が構成されています。**図表2-19**が「株主資本等変動計算書」です。
「株主資本等変動計算書」がどういう表かといえば、表の一番上にBSの「純資産の部」の項目がズラッと横に並んでいます。この**純資産の部の項目が期首から期末までに、どのような変動要因でどれだけ変化したのかを表しているのが**「株主資本等変動計算書」です。

　なぜ、「株主資本等変動計算書」という表が必要なのかを**図表2-20**で説明しましょう。時間が左から右へ流れると見てください。3月期決算の会社です。PLとCSはフロー、つまり1年間の売上と費用と利益がPLに表され、同じく1年間の現金の出入りがCSに表されています。BSはストック、つまり期首の「財産残高一覧表」であり、期末の「財産残高一覧表」です。

　BSの網掛けをしている**純資産の部の数字は、期首から期末にかけていろんな変動要因で変化します**。例えば、利益が出ればBSの純資産の部の繰越利益剰余金に積み上がっていきます。また、配当すれば繰越利益剰余金から配当金が出ていきます。BSの純資産の部以外の項目は単にその項目の数字が変化するだけです。つまり、売掛金は期首の売掛金の額が期末の売掛金の額に変化するだけです。

　いろんな変動要因でさまざまな変化のあるBSの純資産の部が、期首から期末までにどのような変動要因でどれだけ変化したかを表すのが

図表2-19　株主資本等変動計算書

株主資本等変動計算書　　　　　　　　　　　　　　　　　　　　（単位：万円）

	株主資本								評価・換算差額等		新株予約権
	資本金	資本剰余金		利益剰余金			自己株式	株主資本合計	その他有価証券評価差額金	繰延ヘッジ損益	
		資本準備金	その他資本剰余金	利益準備金	その他利益剰余金						
					任意積立金	繰越利益剰余金					
前期末残高	50	xxx	xxx	0	0	130	△xxx	xxx	xxx	xxx	xxx
当期変動額											
新株の発行		xxx						xxx			
剰余金の配当				5		△55		△50			
当期純利益						0		0			
任意積立金の積立					45	△45		0			
自己株式の処分							xxx	xxx			
xxxxxxxx											
株主資本以外の項目の当期変動額									xxx	xxx	xxx
当期変動額合計	-	xxx	-	5	45	△100	xxx	xxx	xxx	xxx	xxx
当期末残高	50	xxx	xxx	5	45	30	△xxx	xxx	xxx	xxx	xxx

「株主資本等変動計算書」なのです。したがって、**「株主資本等変動計算書」を見れば、新株がどれくらい発行されたかとか、配当金がどれくらい支払われたかなど、純資産の部の各項目が何によってどれくらい変化したのかがわかる**のです。

　図表2-19の形式を横形式の「株主資本等変動計算書」といい、98ページの**図表2-21**が縦形式の「株主資本等変動計算書」といいます。これは、縦に「純資産の部」の項目がズラッと並んでおり、項目ごとに前期末残高・当期変動額・当期末残高が表されています。

　これで、「財務3表」と「株主資本等変動計算書」の基本的な説明は終わりです。ここまでくれば、会計の全体像が何となく見えてきたのではないでしょうか。

図表2-20 「株主資本等変動計算書」が必要な理由

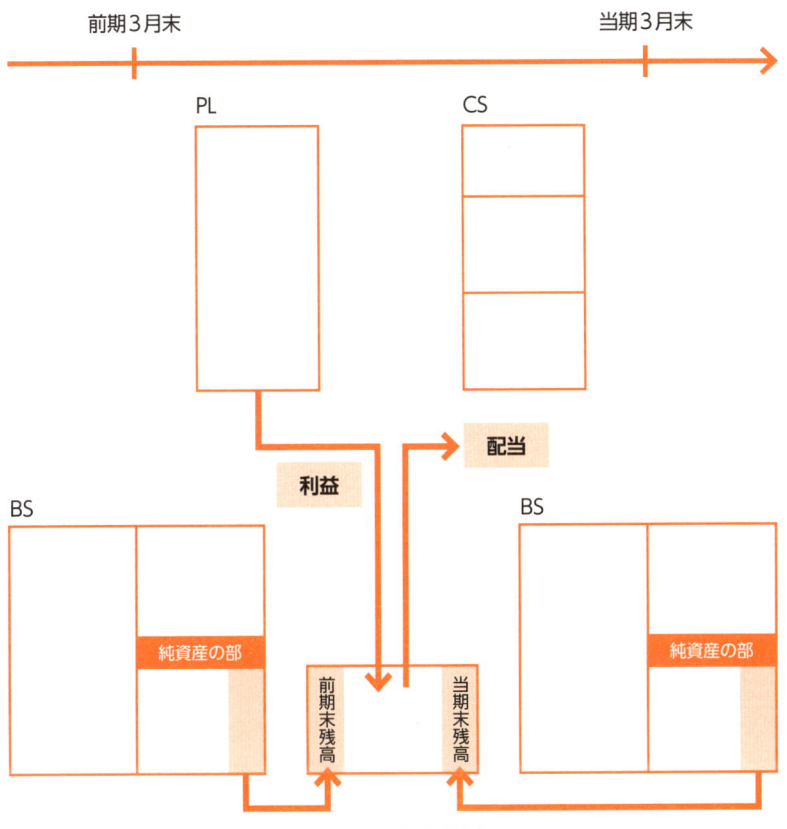

前期3月末　　　　　　　　　　　　　　　当期3月末

PL　　　　　CS

利益　　　配当

BS　　　　　　　　　　　　　　　　BS

純資産の部　　　　　　　　　　　　　　純資産の部

前期末残高　　当期末残高

株主資本等変動計算書

PART2 ● 「財務3表のつながり」がわかれば会計の全体像が見える　97

図表2-21　株主資本等変動計算書（縦形式）

(単位：万円)

株主資本			
資本金	前期末残高		50
	当期変動額		0
	当期末残高		50
資本剰余金			
資本準備金	前期末残高		xxx
	当期変動額	新株の発行	xxx
	当期末残高		xxx
その他資本剰余金	前期末残高及び当期末残高(注)		xxx
利益剰余金			
利益準備金	前期末残高		0
	当期変動額	剰余金の配当に伴う積立	5
	当期末残高		5
その他利益剰余金			
任意積立金	前期末残高		0
	当期変動額	任意積立金の積立	45
	当期末残高		45
繰越利益剰余金	前期末残高		130
	当期変動額	剰余金の配当	△55
		当期純利益	0
		任意積立金の積立	△45
	当期末残高		30
自己株式	前期末残高		△xxx
	当期変動額	自己株式の処分	xxx
	当期末残高		△xxx
株主資本合計	前期末残高		xxx
	当期変動額		xxx
	当期末残高		xxx
評価・換算差額等			
その他有価証券評価差額金	前期末残高及び当期末残高(注)		xxx
繰延ヘッジ損益	前期末残高及び当期末残高(注)		xxx
新株予約権	前期末残高及び当期末残高(注)		xxx

注：期中における変動がない場合は、「前期末残高及び当期末残高」のみを表示することができる。

PART 3

財務3表で
会社の状態を
読み解いてみよう

実際に会社の財務3表を見てみると実にさまざまなことがわかります。会社の現在の経営状態だけでなく、その会社の戦略や過去の経営実態までも何となくわかります。まさに企業情報の宝庫です。PART 3では、私たち会計の専門家ではない人間が財務3表から何を読み解いていけばよいのかを勉強しておきましょう。

PART 3-01

そもそも財務3表から何を読み解けばよいのか？

　ここまで読み進めてこられたみなさんは、財務3表の全体像とその基本的な仕組みが理解できていると思います。ここからは財務分析についての説明です。

　確かに財務3表にはたくさんの数字が並んでいます。会計の知識がもっと増えてくれば、財務3表からいろんなことが読み解けるようになるでしょう。しかし、会計の専門家ではない私たちは、最初から細部に入っていかないほうがよいと思います。**財務分析においても全体像とその本質を把握するという姿勢が大切**です。

　これまで説明してきたように、財務3表には事業の全体像である「お金を集めて」「何かに投資し」「利益をあげる」という3つの活動が表されています。では、この財務3表から私たちは何を読み解けばよいのか。事業の全体像が財務3表に表されているのですから、**まずはこの事業全体のプロセスが効率よく運営されているかどうかを読み取ってあげればよい**のです。企業の経営者の大切な仕事の1つは、この事業全体のプロセスを効率よく運営することです。

　もう一度、事業の全体像を確認しておきましょう。**図表3-1**をご覧ください。

　企業は資本金などの自己資本か借入金などの他人資本でお金を集めてきます。PART1でBSの説明をしたときに、会社がお金を集めてくる方法は3つあるといいました。株主から資本金として入れてもらう「自己資本」と、他人から借りる「他人資本」、そして3つ目の「自分で稼ぎ出す」という方法です。しかし、まだ投資をしていない、つまり工場

も店舗も持っていない段階では自分では稼げません。ですから、最初はやはり自己資本か他人資本の2つの方法でお金を集めてくるわけです。

　なぜお金を集めてくる必要があるのか。それは投資のため、つまり工場や店舗を調達するためにお金が必要なわけです。そして、その投資した工場や店舗を使って売上高を作ります。その売上高を効率よく運営して利益に変えていきます。これが事業全体のプロセスです。

　この**図表3-1**は新しい概念の図ではありません。PART1で説明した企業のプロセスである**「お金を集めて」「何かに投資し」「利益をあげる」という3つの活動を縦に並べ替えて、「お金を集めて」のところを自己資本と他人資本の2つに分け、「何かに投資し」と「利益をあげる」の間に「売上高」を入れただけの図**です。

　この事業全体のプロセスをPLとBSの図を使って表すと**図表3-2**のようになります。

　事業は株主からの資本金である自己資本を元に始まります。それに銀行からの借入金などの他人資本でさらにお金を集めます。それがBSの

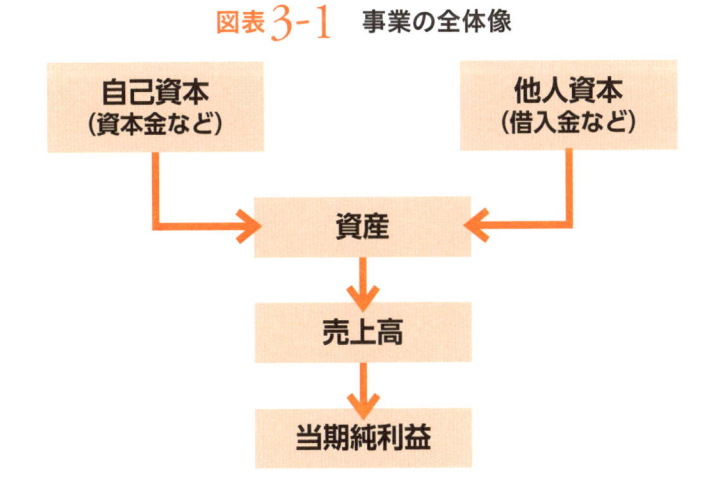

図表3-1　事業の全体像

```
自己資本              他人資本
(資本金など)          (借入金など)
      ↓                  ↓
          ┌─────┐
          │ 資産 │
          └─────┘
             ↓
          ┌─────┐
          │売上高│
          └─────┘
             ↓
        ┌────────┐
        │当期純利益│
        └────────┘
```

図表3-2　事業全体のプロセスをPLとBSで表す

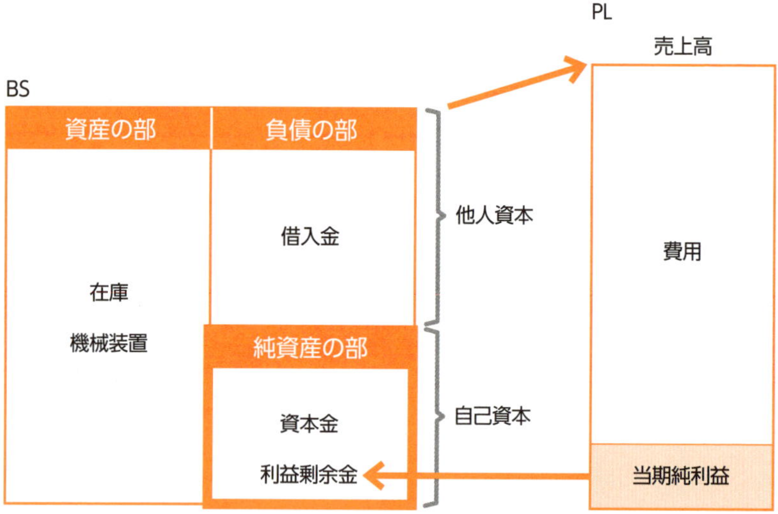

BS
- 資産の部：在庫、機械装置
- 負債の部：借入金（他人資本）
- 純資産の部：資本金、利益剰余金（自己資本）

PL
- 売上高
- 費用
- 当期純利益

右側に表されています。これら自己資本と他人資本によって集めてきたお金で資産を調達します。それがBSの左側です。その資産を使ってビジネスを行い、売上高を作り、その売上高からすべての費用を差し引くと当期純利益になります。この当期純利益が株主の資本としてBSの利益剰余金に積み上がっていくわけです。

株主の視点から事業全体の効率を見るROE

　日本人にはしっくりこないかもしれませんが、PART2でも説明したように、資本主義の論理に従えば会社は株主のものです。株主の自己資本がビジネス活動によって当期純利益という富を生み、それがまた株主の自己資本を増やしていくわけです。

この**事業全体のプロセスの効率を株主の視点から分析しようと思えば、大切になるのはＲＯＥ（Return on Equity）**です。この場合のReturnは当期純利益のことでEquityは自己資本です。日本語では**自己資本利益率**、または**株主資本利益率**といわれます。計算式は次のようになります。

$$ＲＯＥ＝当期純利益÷自己資本$$

　なぜＲＯＥが株主にとって大切なのかは、PART２で説明した「株式投資における資本金と当期純利益の関係は、定期預金における元金と利息の関係に似ている」ということを考えればすぐにわかると思います。**つまりＲＯＥの計算は、この事業という金融商品が何％の利率で回っているかを計算しているようなもの**なのです。

　さらにいえば、株主はこの会社から配当をもらわなければ意味がありません。配当は基本的に繰越利益剰余金をベースにその額が決められていきます。その繰越利益剰余金は当期純利益が積み上がったものです。配当のもとになる繰越利益剰余金、そのもとになる当期純利益が、株主の出資した資本金との関係の中でどれくらい生み出されているのかを知ることは、株主にとってはとても大切なことなのです。

事業全体のプロセスを3つに分けて分析する

　株主の視点から事業全体を評価しようと思えばやはりＲＯＥですが、この事業全体のプロセスをいくつかに分解してもう少し細かく見ていきましょう。

まず、お金の集め方である自己資本と他人資本との関係です。**自己資本に対して他人資本をどれくらい使っているかを示す指標に「レバレッジ比率」という考え方があります**。自己資本だけで事業を行おうとすれば自己資本と同じ額だけの資産しか調達できませんが、他人資本を使うことでもっと大きな事業展開ができるようになります。
　レバレッジ比率の計算式はいろいろあります。考え方は自己資本と他人資本の比率を表します。ここでは次の式を掲載しておきます。

$$レバレッジ比率 = 総資本 ÷ 自己資本$$

　自己資本に対して総資本がどれくらいあるかという計算式です。ＢＳの右側の全体を総資本と呼び、左側の全体を総資産と呼びますので、上の式の分子の「総資本」は「総資産」に置き換えても数値は同じです。
　このレバレッジ比率は、大きければよくて小さければ悪いということではありません。レバレッジ比率が大きいということは、他人資本を使って大きな事業ができる反面、それだけリスクも高いといえます。レバレッジ比率が小さいということは、チャレンジングではないかもしれないけれど安全にビジネスを運営しているともいえます。
　レバレッジとは梃子という意味です。自己資本に対して他人資本という梃子をどれくらい効かせているかという指標です。
　次は、**自己資本と他人資本によって調達した資産をいかに効率よく活用して売上高を作っているか**ということです。分析指標としては**「総資産回転率」**というものがあります。計算式は次の通りです。

$$\text{総資産回転率} = \text{売上高} \div \text{総資産}$$

　BSの左側の合計を総資産と呼び、右側の合計を総資本と呼びますので、総資産回転率は総資本回転率と同義です。財務分析の世界では総資本回転率という言葉のほうがよく出てくるかもしれません。

　総資産回転率は一般的に高いほうがよいといえます。想像してみてください。同じ飲食業で、隣接する同じ場所に同じ大きさ・同じ設備の2つの店舗があったとします。同じ店舗から大きな売上高をあげられる会社もあればそうでない会社もあります。両社を比べれば、大きな売上高をあげている会社のほうが資産を効率よく活用していることがわかります。

　最後は、**稼ぎ出した売上高をいかに効率よく利益に変えているか**ということです。これは**当期純利益率**を計算すればわかります。計算式は次の通りです。

$$\text{当期純利益率} = \text{当期純利益} \div \text{売上高}$$

　当期純利益率も基本的には高いほうがいいですね。同じ飲食業で、同じ売上高からたくさんの利益をあげられる会社もあればそうでない会社もあります。

デュポン・モデル

　これまで説明してきた**ROE、レバレッジ比率、総資産回転率、当期純利益率**のたった4つの指標さえチェックすれば、どの会社のどの部

分の効率がよいのか悪いのかがわかります。なぜなら、この4つの指標は事業全体のプロセスにリンクしているからです。

読者のみなさんは会計の本で次のような式を見たことがありませんか。

$$ROE = \frac{当期純利益}{自己資本} = \underbrace{\frac{総資本（=総資産）}{自己資本}}_{（レバレッジ比率）} \times \underbrace{\frac{売上高}{総資産}}_{（総資産回転率）} \times \underbrace{\frac{当期純利益}{売上高}}_{（当期純利益率）}$$

この式を図表3-2と一緒にご覧ください。事業全体の効率を見るのはROEだといいました。ROEとは株主のお金である自己資本からどれだけの当期純利益を生み出したかを評価する指標です。

図表3-2　事業全体のプロセスをPLとBSで表す（再掲載）

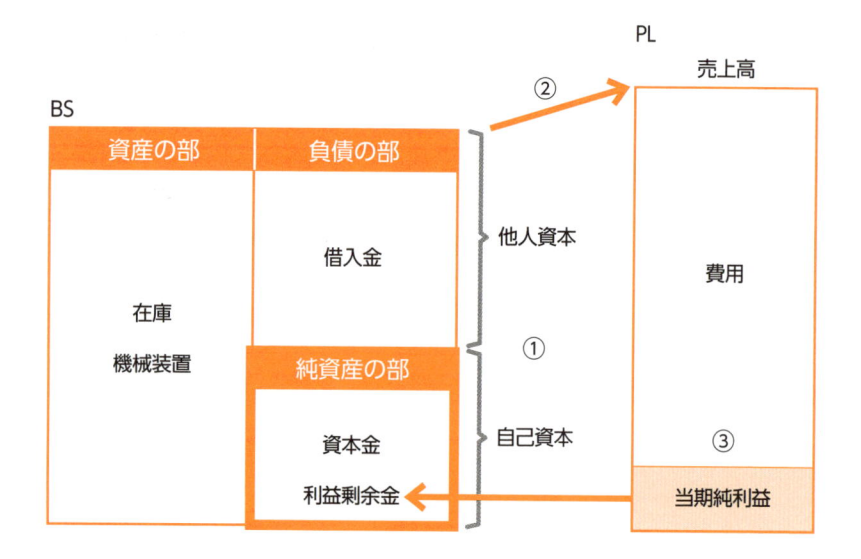

BS		PL
資産の部	負債の部	売上高
在庫	借入金（他人資本）	費用
機械装置	純資産の部（自己資本） 資本金 利益剰余金	当期純利益

①自己資本 → ②売上高 → ③当期純利益 → 利益剰余金

自己資本から当期純利益を生み出す事業全体のプロセスは、3つの段階に分類することができます。1番目は**①レバレッジ比率**です。それが左の式では総資本÷自己資本で表されています。自己資本に対してどれだけのレバレッジ（梃子）をかけているかという指標です。ただ、全体の計算式の中では、総資本を総資産と読み換えたほうがわかりやすいでしょう。

　次は、調達した総資産を使っていかに効率よく売上高を作り出しているかという**②総資産回転率**です。それが左の式の売上高÷総資産です。

　最後はその売上高をいかに効率よく当期純利益に変えているかという**③当期純利益率**です。そのことが左の式の当期純利益÷売上高で表されているのです。

　つまり、事業全体を評価するためのROEは、レバレッジ比率と総資産回転率と当期純利益率の掛け算で求められるのです。

$$\mathrm{ROE} = \underset{①}{\text{レバレッジ比率}} \times \underset{②}{\text{総資産回転率}} \times \underset{③}{\text{当期純利益率}}$$

　この考え方は「デュポン・モデル」といわれるもので、1920年代にアメリカの化学会社デュポンで編み出された考え方です。計算式だけで説明されてもその意味するところがよくわかりませんが、**図表3-2**のような事業全体のプロセスを表す図と一緒に勉強すれば、その意味がよく理解できると思います。

PART 3-02

なぜ会計の専門家はCSを重視するのか？

　ここまでPLとBSから会社の状態をザックリと読み解く方法について説明してきました。ただ、最近では財務分析を行う場合にCS（キャッシュフロー計算書）が重視されるようになってきています。米国の金融機関が企業にまず提出を要求する資料はCSです。日米共に財務諸表はBSから掲載されるのが一般的ですが、アマゾンの財務諸表はCSから始まります。これも時代の流れを反映しているのかもしれません。

　私が開発した会計勉強法の大きな特長の1つは、**PLとBSの関係の中でCSが理解できる**ということです。読者のみなさんがCSを理解できているということは、今後財務分析をするうえで大きなメリットになっていくことでしょう。

　CSを見れば、PLやBSからでは簡単にはわからない真実が見えてきます。PLの一番の目的は、1つの事業年度という区切られた期間での正しい利益を計算することでした。正しい利益を計算するために、現金の動きを伴わない掛け商売や減価償却費などの数字が計上されます。それが逆に事業の実態を見えにくくするという面もあります。

　CSは収支計算書、つまり現金の動きをあらわす表です。数字が現金実態と連動していますから、わかりやすい上に粉飾もしにくいのです。それも、「営業」「投資」「財務」という異なる事業活動ごとの現金の動きが表されているので、CSを見れば事業活動の実態がハッキリと読み取れるのです。

　CSは収支計算書が「営業活動によるキャッシュフロー」「投資活動によるキャッシュフロー」「財務活動によるキャッシュフロー」という

図表3-3　CSの8つのパターン

パターン番号	①	②	③	④	⑤	⑥	⑦	⑧
営業キャッシュフロー	＋	＋	＋	＋	－	－	－	－
投資キャッシュフロー	＋	＋	－	－	＋	＋	－	－
財務キャッシュフロー	＋	－	＋	－	＋	－	＋	－

3つの欄に分かれている表です。現金の動きをあらわす表ですから、各欄が現金の増えているプラスの場合と減っているマイナスの場合に分かれます。**図表3-3**のようにそのプラスとマイナスの組み合わせは（＋、＋、＋）から（－、－、－）まで8通りあります。

企業のCSのプラス・マイナスの組み合わせがどのパターンになっているかを見るだけで、その企業がいまどんな状況なのか、経営者が何を重視して経営しているのかがわかります。

例えば、調子の悪い会社の典型的なパターンが⑤の（－、＋、＋）です。調子の悪い会社は事業の効率が悪く、営業キャッシュフローがマイナスになっています。営業活動によって稼ぎ出してくる収入より仕入や人件費に充てる支出のほうが多い、つまり仕事をすればするほどお金が少なくなっている状況です。こんなとき企業はどうするでしょうか。まずは借金ですね。他人からお金を借りて足りない分を補填するのです。

さらにパターン⑤では投資キャッシュフローもプラスになっています。投資キャッシュフローがプラスということは、投資活動によって会社に現金が増えていることを表しています。これは一般的には自社が

持っている土地や株などの資産を売却して現金に換えていることを意味します。

パターン③の（＋、－、＋）の会社は、将来に向けての戦略が明確で積極的に事業拡大を図っている会社です。営業キャッシュフローと財務キャッシュフローで集めてきたお金を投資キャッシュフローに充てています。積極的な投資活動をしていることが推測できます。これは優良企業に多いキャッシュフローのパターンです。

パターン④の（＋、－、－）も優良企業に多いキャッシュフローのパターンです。営業活動で稼ぎ出したお金を投資活動と財務活動に充てています。投資を行いながら借金の返済や配当をしているのですから、潤沢なお金が営業活動によって稼ぎ出されていることを意味しています。

ＣＳを分析する場合に少しだけ注意して見ておいていただきたいのは、投資キャッシュフローの欄と財務キャッシュフローの欄です。

投資キャッシュフローがマイナスになっている場合には異なる大きな２つの理由があります。 １つは設備投資やＩＴ投資など有形・無形の資産への投資です。もう１つは株式や国債などの有価証券への投資です。設備投資に必要となる以上のお金が営業活動によって稼ぎ出されているような場合は、取りあえず有価証券に投資しておくようなこともあります。

財務キャッシュフローにも大きく２つの種類があります。**財務キャッシュフローがマイナスになるのは、借金を返済する場合と配当する場合**です。借金返済と配当は財務活動としては少し異なる意味合いがありますので、財務キャッシュフローの欄はその内容を少し注意してチェックしておく必要があります。

PART 3-03

PLとBSを図にすると、
なぜわかりやすいのか？

　財務諸表にはたくさんの数字が並んでいます。しかし前述したように、会計の専門家ではない私たちは最初から細部の数字に入っていかないほうがよいと思います。財務分析においてもまず全体像と重要なポイントを押さえていくという姿勢が大切です。

　ザックリと会社の状況を読み解くための財務分析のポイントは、ＲＯＥ・レバレッジ比率・総資産回転率・当期純利益率のたった４つです。そしてＣＳの８つのパターンがどうなっているかがわかれば、おおよその事業実態は読み取れます。

　ただ、見るべきポイントがわかったからといってすぐに財務諸表に突っ込んでいくことはお勧めしません。**会計の専門家ではない人が財務分析をする場合は、図解分析という方法を多用すべき**だと思います。

　図表3-4は航空会社のＡＮＡ（全日本空輸）の2014年3月期のＰＬとＢＳを図にしたものです。右がＰＬ、左がＢＳです。すべて同じ縮尺で図にしています。

　「まえがき」でも触れたように、私たち人間はデジタルデータよりアナログデータのほうが多くの情報を瞬時に直感的に把握することができます。**図表3-4**は財務諸表のデジタル数字をアナログ変換したものです。

　なお、これから出てくる財務データは基本的に各社の有価証券報告書の数字を使っていますが、ＡＮＡの2014年3月期の数字は決算短信の数字を使っています。

　では、この図をどのように読み解いていけばよいのでしょうか。**図表3-2**で見たように、事業のプロセスに従って見ていけばよいのです。

図表3-4　ANAのPLとBS（2014年3月期）

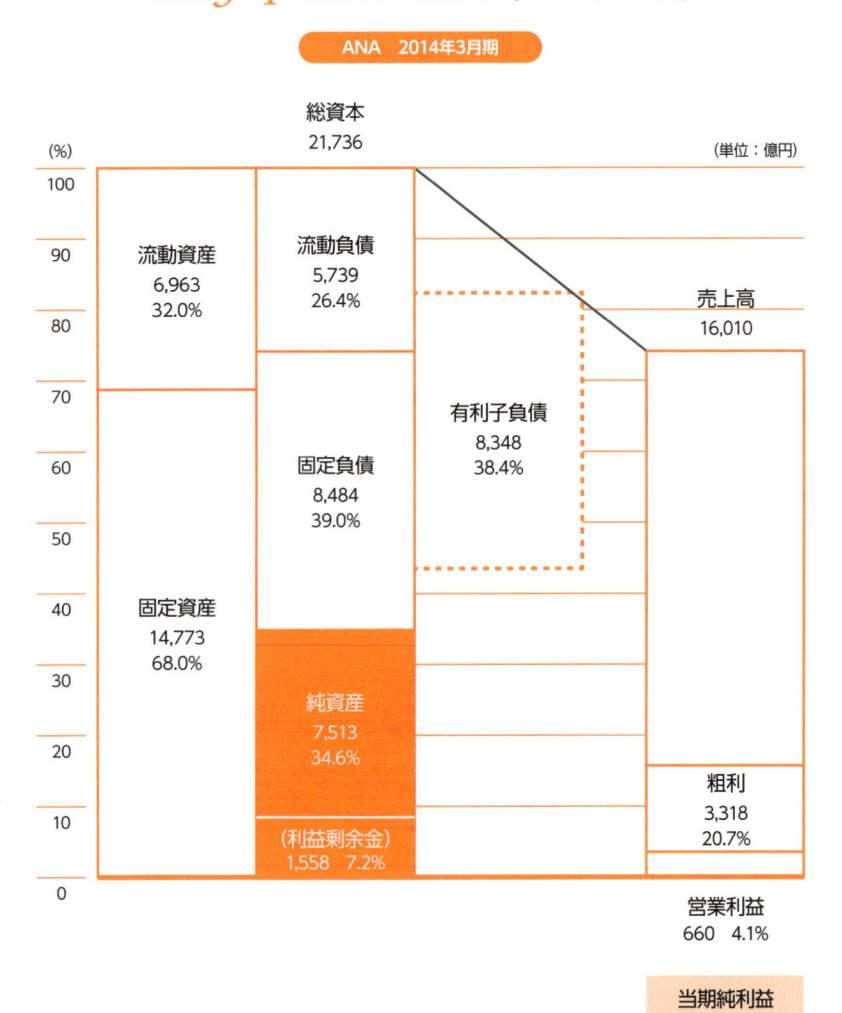

ANA　2014年3月期

総資本
21,736

（単位：億円）

流動資産
6,963
32.0%

流動負債
5,739
26.4%

売上高
16,010

固定負債
8,484
39.0%

有利子負債
8,348
38.4%

固定資産
14,773
68.0%

純資産
7,513
34.6%

粗利
3,318
20.7%

（利益剰余金）
1,558　7.2%

営業利益
660　4.1%

当期純利益
429　2.7%

ＡＮＡはどうやってお金を集めてきたのかがＢＳの右側に表れています。自己資本が純資産の総額の7,513億円、他人資本が負債総額の1

112

兆4,223億円（＝流動負債5,739億円＋固定負債8,484億円）です。

　ＢＳの右側を見るときに必ずチェックしておいてもらいたい点が2つあります。

　1つは有利子負債です。有利子負債は読んで字のごとく、利子の有る負債です。つまり、短期借入金、長期借入金、社債などの純粋な借金のことです。これまで勉強してきたように、負債の部の中には、買掛金や未払法人税など純粋な借金ではない負債がたくさんあります。純粋な借金である有利子負債だけをＢＳの右側に抜き出しています。

　もう1つチェックしておいてもらいたいのは**利益剰余金**です。利益剰余金は過去の利益が積み上がったものです。利益剰余金の額を見れば、過去に利益を出し続けたのか赤字を出し続けたのかがおおまかにわかります。

　私が財務諸表を見るときにまず目が行くのは、この有利子負債と利益剰余金です。**図表3-4**のＡＮＡのように、有利子負債が多くて利益剰余金が少ない会社が一概に悪い会社とはいえません。ただ、**有利子負債が少なくて利益剰余金が多い会社は、まず間違いなく過去に非常に良好な環境のなかで経営してきたといえます。**アップル、グーグル、ユニクロなどの優良企業はどこも有利子負債が少なく、多くの利益剰余金が積み上がっています。

経営の安定性を瞬時に読み解く

　次に見るのはＢＳの左側です。ＢＳの左側には、これまで集めてきたお金が何に投資されているのかが書かれています。具体的に何に投資されているかの細かい点は、ＢＳの個々の勘定項目を見ないとわかりません。

　ただ、この時点では**細かい数字をチェックするのではなく、ＢＳの図**

から会社の安定性を瞬時に読み取ってください。PART 1 でも説明したように、会社の金払いのよさを見る指標は「流動比率」でした。計算式は次の通りです。

> **流動比率＝流動資産÷流動負債**

　1年以内に現金化される予定の流動資産と1年以内に返済する予定の流動負債の比を見ているわけです。これは**図表3-5**でいえば、上部の白いスペースを比較しているわけです。流動資産より流動負債のほうが小さければ、金払いはよさそうですね。つまり、**ＢＳの左側の流動資産と固定資産の境目の線が下にあり、ＢＳの右側の流動負債と固定負債の境目の線が上にあればあるほど金払いはよいといえます。**
　経営の安定性を示す指標に「固定長期適合率」というものがあります。計算式は次の通りです。

> **固定長期適合率＝固定資産÷（固定負債＋自己資本）**

　分母の自己資本とは純資産合計のことです。固定長期適合率の意味するところは、すぐに現金に戻ってこない固定資産は、長期に返済すればよい固定負債と、返済する必要のない自己資本の範囲内で賄われていれば経営的に安定しているということです。文字式で説明するとよくわかりませんが、**図表3-5**で見ると一目瞭然ですね。つまり図の下部の網掛けのところを比較しているわけです。
　流動比率と固定長期適合率の計算式は全く異なりますが、**図表3-5**

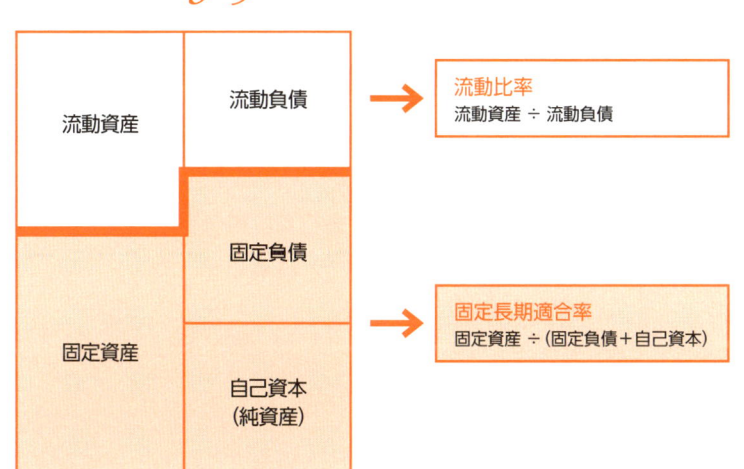

図表3-5　BSの図から安定性を読み解く

流動資産	流動負債
	固定負債
固定資産	自己資本（純資産）

→ **流動比率**
流動資産 ÷ 流動負債

→ **固定長期適合率**
固定資産 ÷（固定負債＋自己資本）

で見るとわかるように、**流動比率と固定長期適合率は同じものをコインの上から見ているか下から見ているかのようなもの**です。つまり、BSの左側の流動資産と固定資産の境目の線が下にあり、BSの右側の流動負債と固定負債の境目の線が上にあればあるほど、金払いはよいし経営の安定性もよいということなのです。

そして、もう1つチェックしておいてもらいたいのが**「自己資本比率」**です。これもPART1で説明したように、計算式は次の通りです。

$$自己資本比率 = 自己資本 ÷ 総資本$$

自己資本とは純資産合計で、総資本とはBSの右側全体でした。日本の上場企業の自己資本比率の平均は38％程度です。自己資本比率が低

いから悪いというわけではありませんが、**一般的に自己資本比率が高い企業は優良企業が多いといえます**。先ほどのアップル、グーグル、ユニクロの自己資本比率は高いですし、トヨタやホンダも高い自己資本比率になっています。

　BSからたった3本の線（流動資産と固定資産の境目の線、流動負債と固定負債の境目の線、固定負債と自己資本の境目の線）の位置関係を見るだけで、経営の安定性が読み解けるのです。

PLとBSを図にすることの効用

　経営の安定性を瞬時に読み取った後は、**総資産をいかに効率よく使って売上高を作っているか**ということでした。つまり、総資産回転率です。もう一度、112ページの図表3-4に戻ってください。総資産回転率はBSとPLを結んだ線の傾きを見ればわかります。同じ総資産から多くの売上をあげられる会社もあればそうでない会社もあります。つまり、**BSとPLを結んだ線が右肩上がりに急勾配であればあるほど総資産回転率がよい**ということです。

　最後は利益率です。同じ売上から多くの利益をあげられる会社もあればそうでない会社もあります。**図表3-4**の粗利や営業利益や当期純利益の線が上にあればあるほど利益率は高いということになります（ただし、本書では当期純利益の線は図の中に記載していません）。

　PLとBSからまずチェックしていくことは、ROE、レバレッジ比率、総資産回転率、当期純利益率の4つだといいましたが、**PLとBSを図にすればこれら4つの項目を計算するまでもなく、直感的に把握できる**のです。

　ただ、残念なのはこのような図を作っても、私たち会計の専門家では

ない人間はこの図から企業の評価ができないのです。例えば、ＡＮＡの営業利益率が4.1％であるということは図を見ればわかります。しかし、私たちはこの4.1％という数字が航空業界においてよい数字なのか悪い数字なのかがわからないのです。

　会計の専門家たちが1社1期分の財務諸表を見ただけでよいとか悪いといえるのは、彼らはこれまでにたくさんの財務諸表を見てきていて、彼らの頭の中にあるデータと目の前の数字を比較できるからなのです。

　しかし、心配しないでください。会計の専門家ではなくても、ＡＮＡと同じ航空業界にある他社の財務諸表と比べるという**同業他社比較**や、ＡＮＡ自体が過去から現在までどのように財務諸表が変化してきたかという**期間比較**をすれば、かなりのレベルの財務分析ができるようになります。

PART 3-04

あの有名企業の財務3表は どうなっているのか？ (1)ANAとJAL

　では早速、ANAと同じ航空業界のJAL（日本航空）と比較してみましょう。120〜121ページの**図表3-6**です。共に2009年3月期のPLとBSです。JALは経営破綻前の姿です。

　読者のみなさんはこの図を見て何を感じますか。全体的によく似た形ですね。両社ともに巨額の有利子負債を抱えています。ただ前述しましたように、借金が多いから悪い会社だとは一概にいえません。

　読者のみなさんには航空業界はサービス産業というイメージがあると思いますが、見方を変えれば航空業界は装置産業ともいえます。巨額のジェット旅客機を多数抱えて、それを運用して事業活動を行っています。そういう意味では、鉄鋼業界、化学業界、製紙業界などの装置産業と同じ業態ともいえるのです。**莫大な設備投資が必要な装置産業は、どの企業も多額の借金を抱えているのが一般的です**。借金が多いからといって悪い会社とはいえないのです。

　では、経営破綻前のJALは何が問題だったのでしょうか。それは本業での利益を示す営業利益においても巨額の赤字を出していたということです。

JALは経営破綻の前後で何が変わったのか

　次にJALの経営破綻前と経営破綻処理後のPLとBSを比較してみましょう。122〜123ページの**図表3-7**です。なお、JALの2014年3月期の数字も決算短信の数字を使っています。

2009年3月期から2014年3月期にかけて何が変わっているでしょうか。**まず目につくのは有利子負債が激減していること**ではないでしょうか。経営破綻処理の中で大手金融機関が債権放棄をしました。つまり借金棒引きです。

　ＢＳの左側では固定資産が半減しています。経営破綻前にＪＡＬが非難を浴びていたのは効率の悪い経営でした。2009年当時すでに航空業界は小型の航空機をひんばんに飛ばして利益をあげる事業スタイルでしたが、当時のＪＡＬはあまり使っていないジャンボジェット機を多数抱えていました。いまやＪＡＬにジャンボジェット機は無くなりました。

　経営破綻前と経営破綻処理後の**一番大きな違いは利益率でしょう。売上高は3割程度少なくなっていますが、この3割下がった売上高なのに2014年3月期の粗利額は2009年3月期のそれを上回っています。**粗利率でいえば約2倍になっています。ＪＡＬは不採算路線の廃止などさまざまなリストラ活動を行ってきましたが、中でも経営改善に大きな影響を与えたのは1万8000人もの人員削減でしょう。この人数は全体の30％にも及びます。

　以上のような経営破綻処理及びリストラ活動によってＪＡＬは筋肉質の企業に生まれ変わり、経営破綻からわずか2年7カ月で再上場を果たしたのです。これらのことがＰＬやＢＳに表れているのです。

ＡＮＡの社長は何が不満だったのか

　次は2014年3月期のＡＮＡとＪＡＬのＰＬとＢＳを比較しておきましょう。124〜125ページの**図表3-8**です。

　ＪＡＬが再上場した後、ＡＮＡの社長は強い不満を漏らしていました。ＪＡＬには公的資金が注入され、借金が棒引きになり、巨額の法人税が

図表3-6　ANAとJALの比較（2009年3月期）

ANA　2009年3月期

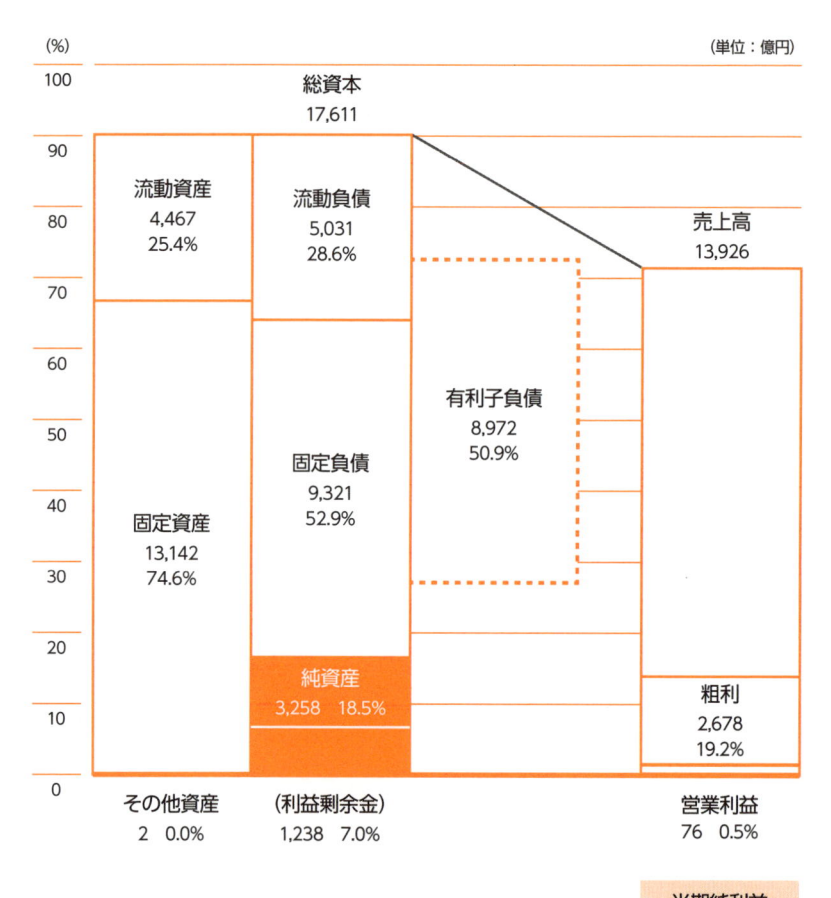

(%) （単位：億円）

- 総資本　17,611
- 流動資産　4,467　25.4%
- 流動負債　5,031　28.6%
- 売上高　13,926
- 固定資産　13,142　74.6%
- 固定負債　9,321　52.9%
- 有利子負債　8,972　50.9%
- 純資産　3,258　18.5%
- 粗利　2,678　19.2%
- その他資産　2　0.0%
- （利益剰余金）　1,238　7.0%
- 営業利益　76　0.5%
- 当期純利益　▲43　-0.3%

120

JAL　2009年3月期

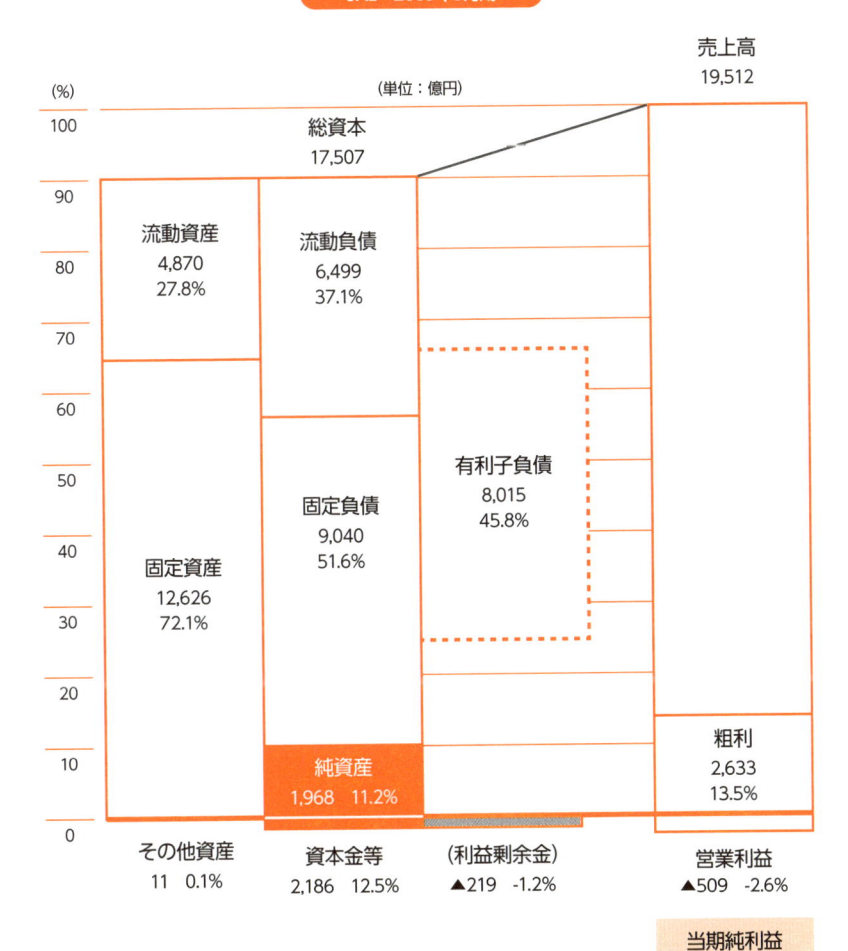

(単位：億円)

売上高
19,512

総資本
17,507

項目	金額	比率
流動資産	4,870	27.8%
流動負債	6,499	37.1%
固定負債	9,040	51.6%
有利子負債	8,015	45.8%
固定資産	12,626	72.1%
純資産	1,968	11.2%
その他資産	11	0.1%
資本金等	2,186	12.5%
(利益剰余金)	▲219	-1.2%
粗利	2,633	13.5%
営業利益	▲509	-2.6%
当期純利益	▲632	-3.2%

PART3 ● 財務3表で会社の状態を読み解いてみよう

図表 3-7　JALの2009年3月期と2014年3月期の比較

JAL　2009年3月期

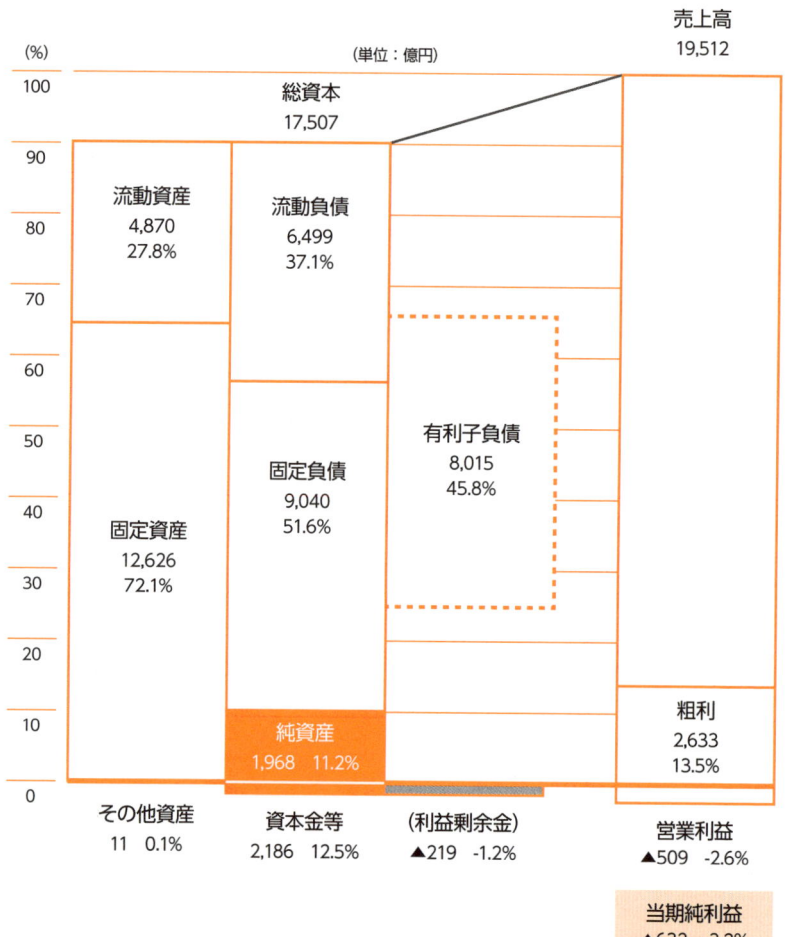

(単位：億円)

売上高　19,512
総資本　17,507

- 流動資産　4,870　27.8%
- 固定資産　12,626　72.1%
- その他資産　11　0.1%
- 流動負債　6,499　37.1%
- 固定負債　9,040　51.6%
- 有利子負債　8,015　45.8%
- 純資産　1,968　11.2%
- 資本金等　2,186　12.5%
- (利益剰余金)　▲219　-1.2%
- 粗利　2,633　13.5%
- 営業利益　▲509　-2.6%
- 当期純利益　▲632　-3.2%

JAL 2014年3月期

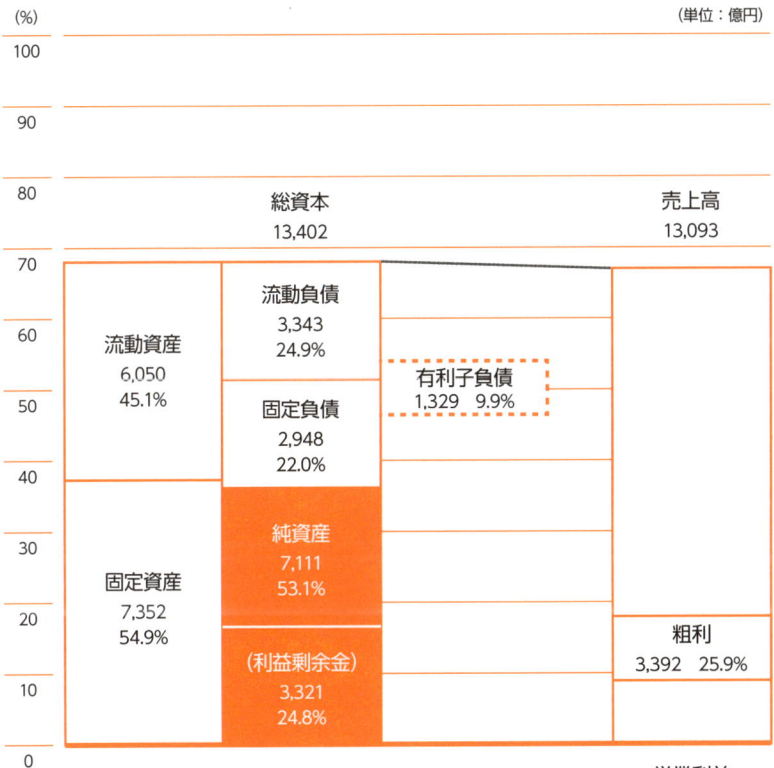

(%) (単位:億円)

| | 総資本 13,402 | | 売上高 13,093 |

流動資産
6,050
45.1%

流動負債
3,343
24.9%

固定負債
2,948
22.0%

有利子負債
1,329 9.9%

固定資産
7,352
54.9%

純資産
7,111
53.1%

(利益剰余金)
3,321
24.8%

粗利
3,392 25.9%

営業利益
1,668 12.7%

当期純利益
1,663 12.7%

PART3 ● 財務3表で会社の状態を読み解いてみよう   123

図表3-8　ANAとJALの比較（2014年3月期）

ANA　2014年3月期

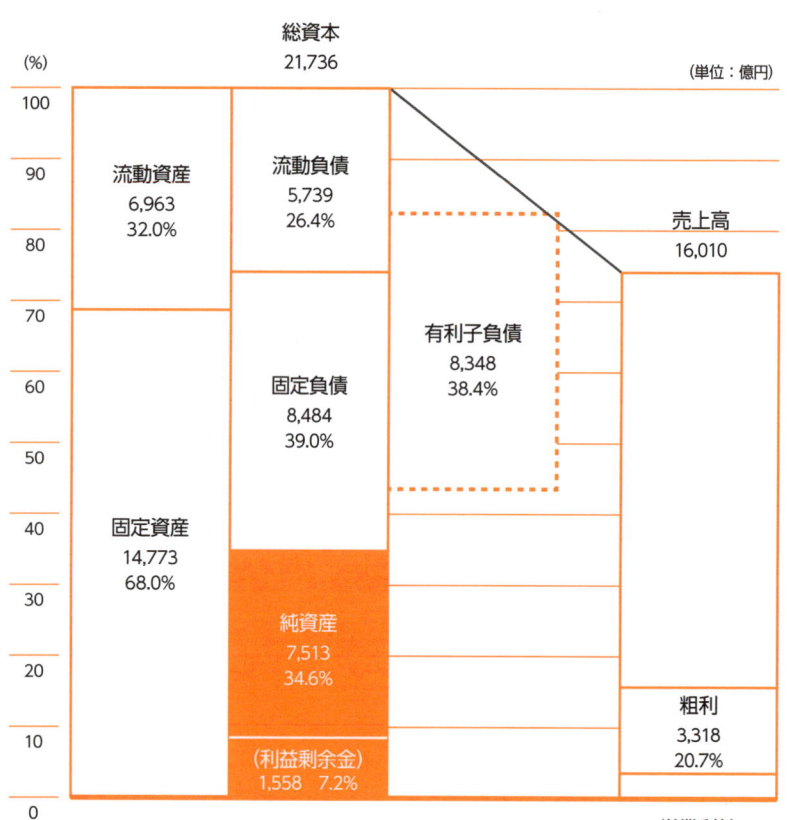

（単位：億円）

総資本　21,736

- 流動資産　6,963　32.0%
- 固定資産　14,773　68.0%
- 流動負債　5,739　26.4%
- 固定負債　8,484　39.0%
- 純資産　7,513　34.6%
- （利益剰余金）　1,558　7.2%
- 有利子負債　8,348　38.4%

売上高　16,010
粗利　3,318　20.7%
営業利益　660　4.1%
当期純利益　429　2.7%

JAL　2014年3月期

(%)　　　　　　　　　　　　　　　　　　　　　　　　　　　　(単位：億円)

	総資本 13,402		売上高 13,093
流動資産 6,050 45.1%	流動負債 3,343 24.9%	有利子負債 1,329 9.9%	
	固定負債 2,948 22.0%		
固定資産 7,352 54.9%	純資産 7,111 53.1%		粗利 3,392 25.9%
	(利益剰余金) 3,321 24.8%		

営業利益　1,668　12.7%

当期純利益　1,663　12.7%

PART3 ● 財務3表で会社の状態を読み解いてみよう　125

免除されたこともありました。これでは「平等な競争環境が維持されていない」という理由からの不満でした。**確かに2014年3月期のＰＬを見れば、支払利息だけで約140億円の差があります。**

　このことを考慮したのか、2013年に国土交通省は羽田空港の国際線発着枠の配分で大きな差をつけることを決めました。従来はＪＡＬとＡＮＡに均等配分されていましたが、今回はＪＡＬ５枠に対してＡＮＡ11枠でした。

　国土交通省も競争環境のゆがみを考慮しての決定ではなかったかと思われますが、差をつければつけたで今度はＪＡＬの社長が不満を漏らしました。ＪＡＬとしては何らやましいことはしていない。法的な手続きに則って経営破綻処理を行った。社内でも多くの血を流して経営改善をしてきたのに、国土交通省が恣意的に発着枠の配分に差をつけるのはおかしいということなのでしょう。

　読者のみなさんは何が正しいと思われますか。人間の判断の良し悪しはともかくとして、財務諸表には企業の実態が正確に表れます。

PART 3-05

あの有名企業の財務3表はどうなっているのか？
(2)ソニーとグーグル

　次はソニーとグーグルを比較してみましょう。**図表3-9**をご覧ください。少し業態は違うかもしれませんが、両社ともにグローバルに活躍するＩＴ企業です。グーグルの財務諸表は1ドル＝100円で円換算しています。なお、ソニーの2014年3月期の数字は決算短信の数字を使っています。

　ＢＳが大きくてＰＬが小さいのは両社ともに同じです。どちらも総資産回転率があまりよくない会社なのでしょうか。両社ともにそうとはいえません。ただ、総資産回転率が低い理由はソニーとグーグルでは全く異なります。

　ソニーの総資産回転率が低い理由は、ソニー損保・ソニー生命・ソニー銀行などの金融ビジネス分野を保有しているからです。

　銀行のＰＬとＢＳを図にすると、ＢＳが非常に大きくてＰＬが極端に小さい図になります。銀行はお客様からの預金を運用して収益をあげます。お客様の預金は銀行にとってみれば負債です。銀行の収益は受取利息や運用益ですから、収益は負債に比べれば微々たるものなのです。

　ソニーも大規模な金融ビジネスを保有しているので総資産回転率が低いのです。ちなみにソニーの図の中の有利子負債には金融ビジネスにおける顧客預金や保険契約債務なども入れています。

　グーグルの総資産回転率が低い理由はソニーのそれとは全く異なります。グーグルの営業利益率を見てください。23.3％です。これは異様に高い数字です。中小・中堅企業で営業利益率が20％を超えている会社はよくありますが、グーグルの売上高は約6兆円です。読者のみな

図表 3-9　ソニーとグーグルの比較（2013年度）

ソニー　2014年3月期

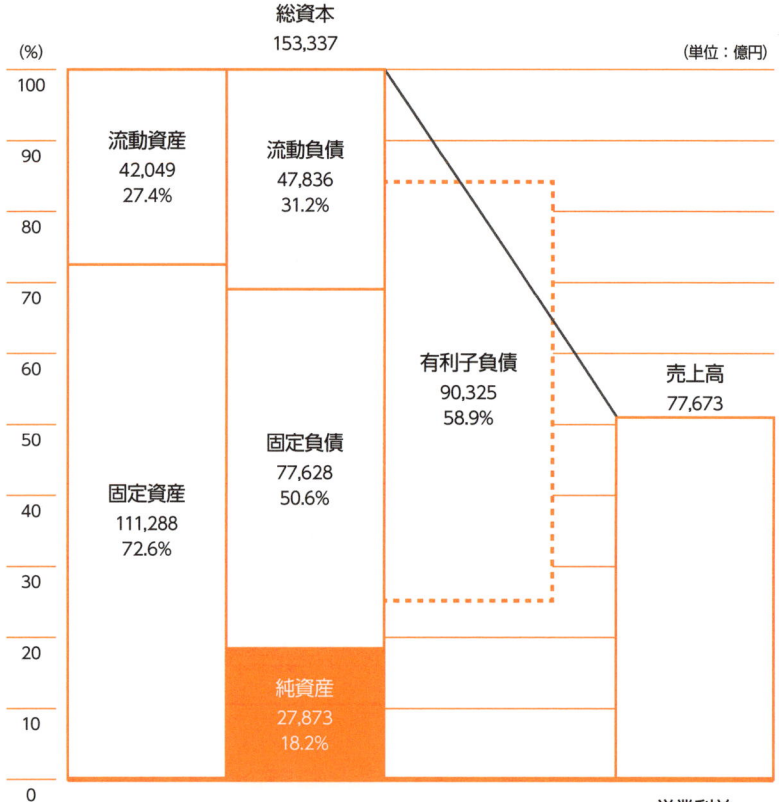

(％)　　　　　総資本　153,337　　　　　　　　　　　（単位：億円）

流動資産 42,049 27.4%	流動負債 47,836 31.2%		
固定資産 111,288 72.6%	固定負債 77,628 50.6%	有利子負債 90,325 58.9%	売上高 77,673
	純資産 27,873 18.2%		

営業利益　265　0.3%

当期純利益　▲1,284　-1.7%

128

グーグル　2013年12月期

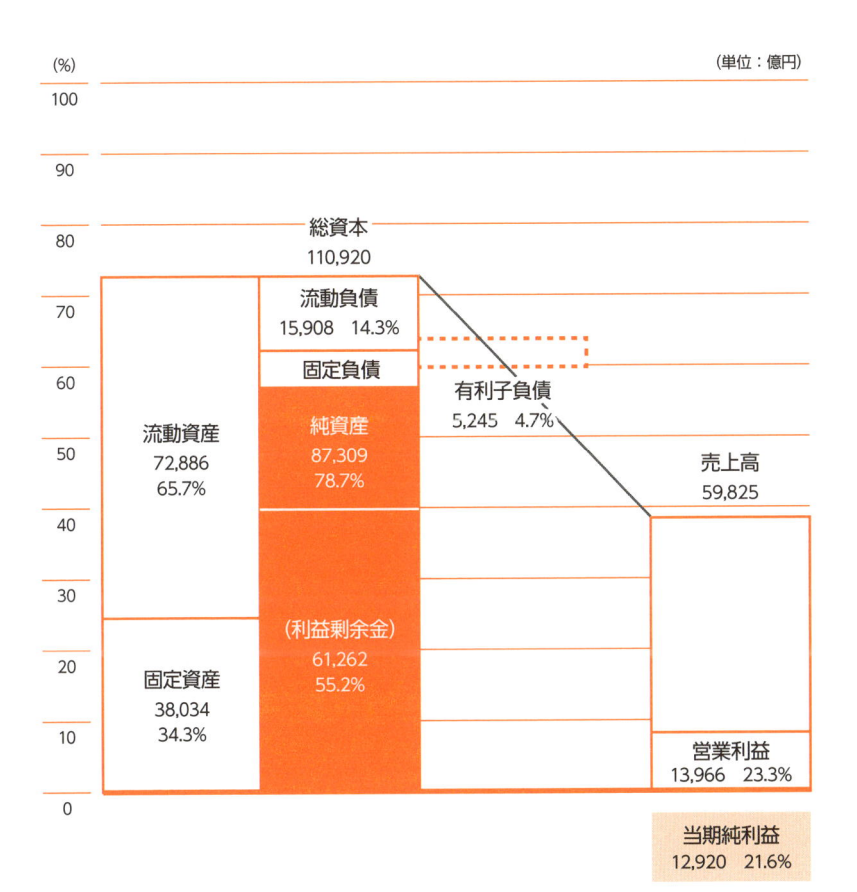

(%)　　　　　　　　　　　　　　　　　　　　　　　　　　(単位：億円)

	総資本 110,920	
流動資産 72,886 65.7%	流動負債 15,908 14.3%	
	固定負債	有利子負債 5,245 4.7%
	純資産 87,309 78.7%	売上高 59,825
固定資産 38,034 34.3%	（利益剰余金） 61,262 55.2%	営業利益 13,966 23.3%
		当期純利益 12,920 21.6%

さんは日本の大手電機メーカーの営業利益率がどれくらいかご存知でしょうか。おおむね３％です。過去10年くらい遡ってみても１％から５％で推移しています。

グーグルの低い総資産回転率は、この異様に高い営業利益率にも関係しています。グーグルのＢＳの左側、つまり資産の部を見ると、約11兆円の総資産の中の半分以上に当たる約５兆9000億円が現金及び市場性有価証券なのです。つまり、すぐに現金にできる資産が総資産の半分以上あるわけです。**グーグルは非常に高い営業利益率を維持し、会社の中に投資に向ける以上のお金が積み上がっており、その結果として総資産回転率が低くなっているのです。**

ただ、ＢＳの左側の資産の部を子細に眺めると「のれん（Goodwill）」という項目がどんどん増えているということがわかります。この「のれん」が増えているという事実から、グーグルの最近の特徴的な動きが見えてきます。

「のれん（Goodwill）」とは何か

ここで「のれん（Goodwill）」について簡単に説明しておきましょう。**図表3-10**をご覧ください。「のれん」は昔「営業権」と呼ばれていたものです。

Ａ社がＢ社を吸収して合併するような場合に「のれん」が発生します。 Ｂ社の帳簿上の価値は資本金の20億円です。20億円の価値の株式をＢ社の株主が保有しています。この20億円の価値しかないＢ社を、Ｂ社の帳簿上の価値以上の値段で買いたいというようなことがよく起こります。例えば、Ｂ社が価値のある技術を持っているとか、重要な顧客リストを持っているとか、合併すればシナジー（相乗効果）が生まれると

図表3-10 「のれん」が発生するときのBSの変化

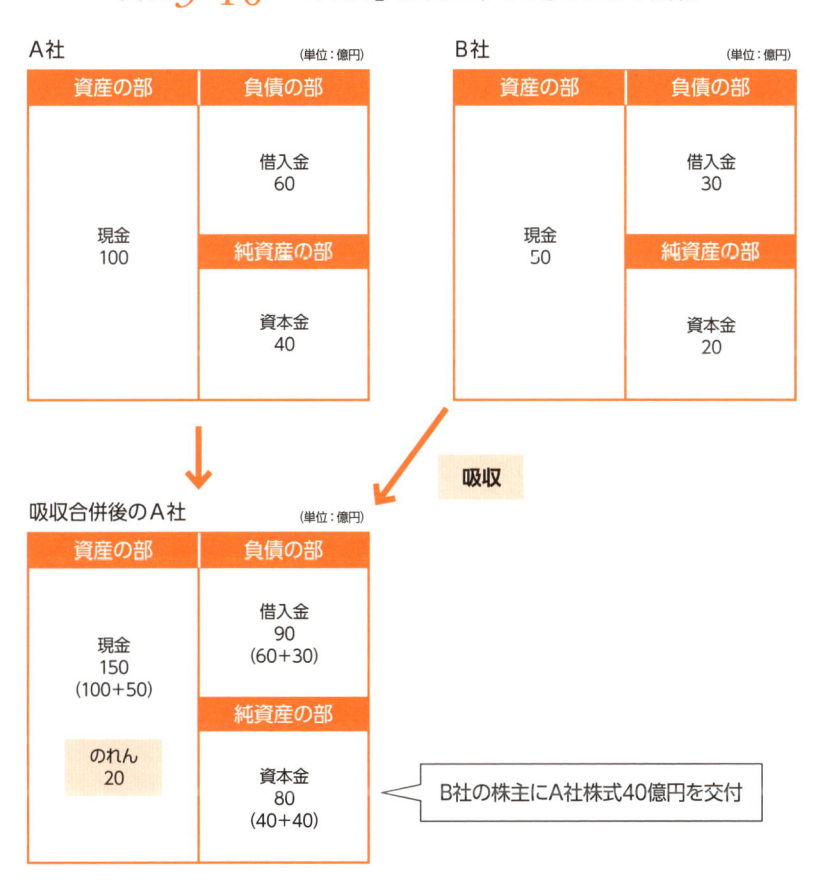

A社 (単位：億円)

資産の部	負債の部
現金 100	借入金 60
	純資産の部
	資本金 40

B社 (単位：億円)

資産の部	負債の部
現金 50	借入金 30
	純資産の部
	資本金 20

吸収

吸収合併後のA社 (単位：億円)

資産の部	負債の部
現金 150 (100+50)	借入金 90 (60+30)
のれん 20	**純資産の部**
	資本金 80 (40+40)

B社の株主にA社株式40億円を交付

いった場合です。さらには、もしB社が業界内の別のC社に買収されると、業界内の構造がガラッと変わってしまうので、どうしてもB社を買収しておきたいというような場合もあります。

　例えば、A社が20億円の価値しかないB社を40億円の値段で買収して合併する場合を考えてみましょう。B社は吸収合併により無くなります。B社の20億円の価値の株式を持っているB社の株主は、新たに

B社を吸収合併した後のA社の40億円の価値の株式を受け取ります。その他は全部足し算ですから、現金はA社の100億円にB社の50億円を加えて150億円になります。借金も引き継ぎますからA社の60億円にB社の30億円を加えて90億円になります。資本金は新たに40億円の価値の株式を発行してB社の株主に交付しましたから、合計で80億円になります。

　そうすると、そのままでは**ＢＳの左が現金150億円で、ＢＳの右側の合計が170（＝負債90＋資本金80）億円になりますから、ＢＳの左右が一致しません**。このような取引が行われたときにＢＳの左側に「のれん」として20億円が計上されるのです。

　グーグルの「のれん」がどんどん増えているということは、グーグルが魅力的な企業をどんどん傘下に収めていることを意味しています。「YouTube」もグーグルに買収されました。グーグルが市場に出してくるユニークなサービスは、自社開発だけでなく買収や吸収合併によるものも多いのです。そんなことも財務諸表から見えてきます。

ソニーとグーグルのキャッシュフローの違いは何か

　ソニーとグーグルのキャッシュフローの推移も見ておきましょう。**図表3-11**です。なお、ソニーの2013年度の数字は決算短信の数字を使っています。

　ソニーのＣＳのパターンはほぼ一貫して（＋、－、＋）の積極投資型のパターンです。ただ、キャッシュフロー計算書を少し細かく見てみると、最近の5年間の投資キャッシュフローの多くが「金融ビジネスにおける投資及び貸付」に費やされています。また、ソニーの有価証券報告書の「セグメント情報」という事業分野別のデータを見ると、ソニー

図表3-11　ソニーとグーグルのCS比較

ソニー　　　　　　　　　　　　　　　　　　　　　　　　　　　　（単位：億円）

	2009年度	2010年度	2011年度	2012年度	2013年度	5年度計
営業キャッシュフロー	9,129	6,162	5,195	4,815	6,641	31,942
投資キャッシュフロー	△7,460	△7,144	△8,829	△7,053	△7,105	△37,591
財務キャッシュフロー	3,650	△101	2,573	832	2,079	9,033

グーグル　　　　　　　　　　　　　　　　　　　　　　　　　　　（単位：億円）

	2009年度	2010年度	2011年度	2012年度	2013年度	5年度計
営業キャッシュフロー	9,316	11,081	14,565	16,619	18,659	70,240
投資キャッシュフロー	△8,019	△10,680	△19,041	△13,056	△13,679	△64,475
財務キャッシュフロー	233	3,050	807	1,229	△857	4,462

の営業利益の大半が金融ビジネス分野で稼ぎ出されています。ソニーという会社の名前を消して、有価証券報告書を利益とキャッシュフローの観点から眺めれば、**ソニーはいまや金融会社になっているといってもおかしくはない状況です**。

　グーグルは営業活動で稼ぎ出したキャッシュをほぼ全額、投資キャッシュフローに充てています。この投資キャッシュフローの大半は前述したように市場性有価証券の取得です。約6兆円の現金を持っている会社が今後どのような事業を展開していくのか興味津々です。

PART 3-06

あの有名企業の財務3表はどうなっているのか？
(3)アマゾンとイオン

　次はアマゾンとイオンを比較してみましょう。**図表3-12**をご覧ください。米国拠点でグローバル展開しているアマゾンと日本拠点のイオンという違いはありますが、どちらも大手小売業という点では共通しています。売上規模も大きな差はありません。アマゾンの財務諸表は1ドル＝100円で円換算しています。イオンの2014年2月期の数字は決算短信の数字を使っています。

　同じ小売業といってもPLとBSはかなり違いがあります。**売上高はさほど差はありませんが、BSの大きさがかなり違います。**

　イオンのBSが大きいのは主に2つの理由があります。

　1つ目は**イオンが金融業を営んでいるということ**です。ソニーと同じですね。イオンの有利子負債3兆2,681億円のうちの半分以上が「銀行業における預金」です。

　2つ目の理由は**実店舗を持って小売業を展開していること**です。固定資産の違いを見ればわかります。アマゾンは店舗を持たないネット販売ですから、固定資産は小さくなっています。

　アマゾンはネット商売なのでさぞや莫大な利益を出しているのかと思いきや、**営業利益率や当期純利益率はイオンより小さくなっています。**この理由はPLの費用項目を見ればわかります。アマゾンの費用項目の中にはFulfillmentと呼ばれる、商品の注文から発送までの業務、つまり受注処理、商品の梱包・発送業務、在庫管理業務、代金請求業務などがかなりの額で計上されています。また、Fulfillment以外にもマーケティングやインターネット関連にかなりの費用がかかっていることがわかり

ます。ネット販売だから大儲けできるとはいえないようです。

　ただ、アマゾンの利益が少ないのは戦略的な要素もあると考えられます。**アマゾンは「地球上で最もお客様を大切にする企業」を目指すと言っているように、究極の顧客第一主義を標榜している会社です**。まずは自社の利益を増やすことより、お客様や取引先を大切にして、ビジネスにおいて最も大切な信用を勝ち得ようとしているのではないかと思われます。

　また、キャッシュフローの推移からも興味深いことがわかります。138ページの**図表3-13**をご覧ください。

　アマゾンは米国の会社です。一般的に米国の会社は短期視点で、短期の利益や株主への配当を重視します。比較対象としてＩＢＭのＣＳ推移を掲載しています。ＩＢＭは財務キャッシュフローにかなりのお金をつぎ込んでいます。キャッシュフロー計算書を細かく見ればすぐわかりますが、その大半が配当金の支払いや自己株式の取得などによる株主への還元です。

　ところが、**アマゾンの経営は長期視点なのです**。日本の優良企業は一般的に長期視点で運営されています。短期的な株主への還元より、長期的な繁栄を重視しています。イオンやトヨタのキャッシュフローのパターンはまさにその好例です。つまり、稼ぎ出してきた営業キャッシュフローのほぼ全額を投資キャッシュフローに充てています。なお、イオンとトヨタの2013年度の数字は決算短信の数字を使っています。

　アマゾンの究極の顧客第一主義、長期的視点の経営などから見ると、アマゾンはこれからまだまだ大きくなっていくでしょう。末恐ろしい会社です。

　ただ、**図表3-11**のグーグルのキャッシュフローのパターンも同様に、稼ぎ出してきた営業キャッシュフローのほぼ全額を投資キャッシュフローに充てていました。しかし、グーグルの投資キャッシュフローの大半は有価証券の取得でした。**有価証券への投資と固定資産への投資は意味合いが違いますので、キャッシュフロー計算書を見るときに投資**

図表3-12　アマゾンとイオンの比較（2013年度）

アマゾン　2013年12月期

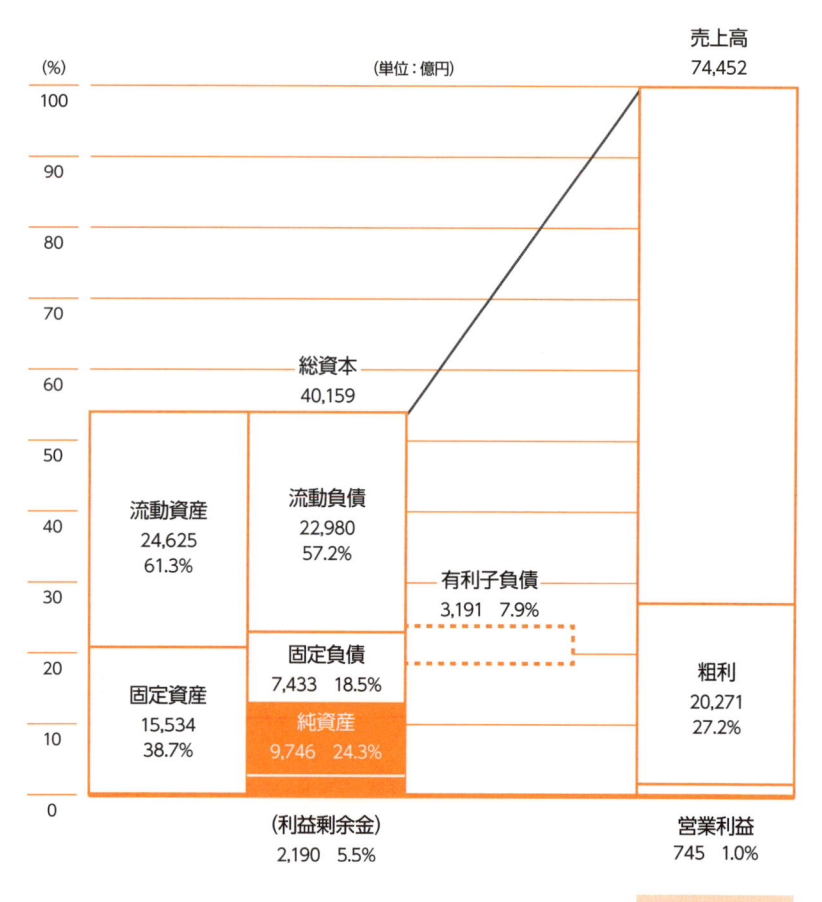

(単位：億円)

売上高　74,452

総資本　40,159

項目	金額	比率
流動資産	24,625	61.3%
固定資産	15,534	38.7%
流動負債	22,980	57.2%
固定負債	7,433	18.5%
純資産	9,746	24.3%
有利子負債	3,191	7.9%
（利益剰余金）	2,190	5.5%
粗利	20,271	27.2%
営業利益	745	1.0%
当期純利益	274	0.4%

イオン　2014年2月期

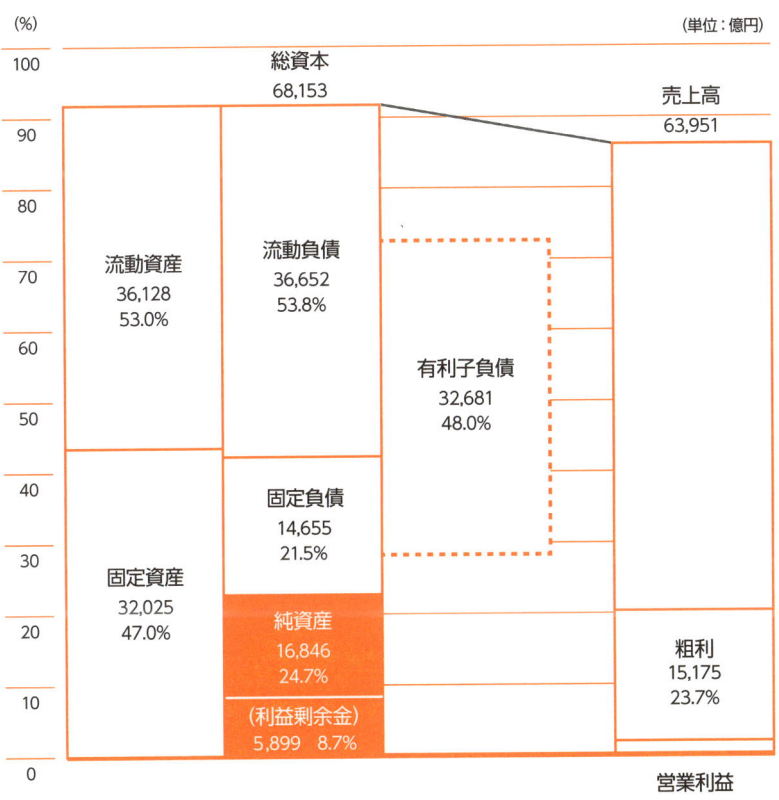

(単位：億円)

- 総資本　68,153
- 売上高　63,951
- 流動資産　36,128　53.0%
- 流動負債　36,652　53.8%
- 有利子負債　32,681　48.0%
- 固定負債　14,655　21.5%
- 固定資産　32,025　47.0%
- 純資産　16,846　24.7%
- （利益剰余金）　5,899　8.7%
- 粗利　15,175　23.7%
- 営業利益　1,714　2.7%
- 当期純利益　456　0.7%

図表3-13　アマゾン、IBM、イオン、トヨタ自動車のCS比較

アマゾン (単位:億円)

	2009年度	2010年度	2011年度	2012年度	2013年度	5年度計
営業キャッシュフロー	3,293	3,495	3,903	4,180	5,475	20,346
投資キャッシュフロー	△2,337	△3,360	△1,930	△3,595	△4,276	△15,498
財務キャッシュフロー	△280	181	△482	2,259	574	2,252

IBM (単位:億円)

	2009年度	2010年度	2011年度	2012年度	2013年度	5年度計
営業キャッシュフロー	20,773	19,549	19,846	19,586	17,485	97,239
投資キャッシュフロー	△6,729	△8,507	△4,396	△9,004	△7,326	△35,962
財務キャッシュフロー	△14,700	△12,429	△13,696	△11,976	△9,883	△62,684

イオン (単位:億円)

	2009年度	2010年度	2011年度	2012年度	2013年度	5年度計
営業キャッシュフロー	3,611	2,611	2,034	1,423	4,828	14,507
投資キャッシュフロー	△3,246	△1,055	△3,279	△3,249	△2,216	△13,045
財務キャッシュフロー	112	△1,218	△131	2,232	△678	317

トヨタ自動車 (単位:億円)

	2009年度	2010年度	2011年度	2012年度	2013年度	5年度計
営業キャッシュフロー	25,585	20,240	14,524	24,513	36,460	121,322
投資キャッシュフロー	△28,502	△21,163	△14,427	△30,273	△43,362	△137,727
財務キャッシュフロー	△2,880	4,343	△3,553	4,772	9,195	11,877

キャッシュフローの欄は少し注意して見ておいてください。

　前述したように、財務キャッシュフローの欄も少し注意が必要です。財務キャッシュフローがマイナスになるのは借金の返済をしたときです。ただ、財務キャッシュフローがマイナスになるのは借金の返済だけではありません。IBMのように配当金の支払いや自己株式の取得でも財務キャッシュフローはマイナスになります。

自己株式の取得とは何か

配当金は株主への支払いですから説明は不要だと思います。自己株式の取得についてはここで簡単に説明しておきましょう。実は日本の企業でも自己株式の取得がどんどん増えています。

自己株式の取得とは、自分の会社の株を自分の会社が取得するというきわめて奇妙なオペレーションです。会社の株主は通常会社の外にいます。会社の外の株主がその会社を保有しているわけです。

自己株式の取得の説明をする前に、A社が会社として別の会社B社の株式を取得する例から説明しましょう。**図表3-14**をご覧ください。

簡単にBSに数字を入れておきます。資本金100億円、現金100億円の会社がB社の株式10億円を取得する場合です。A社はB社の株主に10億円を支払い、現金は90億円になります。そしてBSの左側に「B社株式」として10億円が記載されます。これはこれまで勉強してきた通りの変化ですね。資本金100億円が現在現金90億円とB社株式10億円という形になって会社に存在しているということを意味しています。

図表3-14　A社がB社の株式を取得する場合

A社（取得前） （単位：億円）

資産の部	負債の部
現金 100	純資産の部
	資本金 100

→

A社（取得後） （単位：億円）

資産の部	負債の部
現金 90	純資産の部
B社株式 10	資本金 100

図表3-15　A社が自己株式を取得する場合

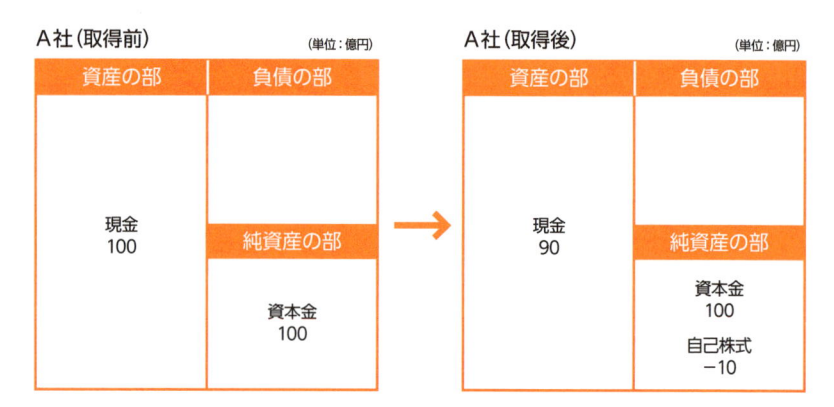

A社（取得前）　　　　　　（単位：億円）

資産の部	負債の部
現金 100	純資産の部 資本金 100

→

A社（取得後）　　　　　　（単位：億円）

資産の部	負債の部
現金 90	純資産の部 資本金 100 自己株式 −10

　しかし、自己株式の取得ではこのようにはなりません。自己株式の取得は自分の会社の株を自分の会社が買い取るということですから、例えていえば8本足のタコが自分の足に食いついているように、**体がだんだん小さくなっていくようなBSになる**のです。**図表3-15**をご覧ください。

　前の例と同じようにA社が自分の会社の株を10億円分取得する場合を考えてみましょう。A社は自分の会社の株主に10億円支払いますから、現金は90億円になります。**自己株式の取得の場合はBSの左側に「A社株式」として10億円が記載されるのではなく、純資産の部に自己株式としてマイナスで10億円が記載されるのです。**

　日本では自己株式の取得が2000年に解禁されました。その後自己株式の取得は産業界全体としてどんどん増えています。その主な目的はROEの向上です。ROEの計算式は次の通りでした。

$$ROE = 当期純利益 \div 自己資本$$

ＲＯＥの数値を上げようと思えば分子の当期純利益を増やすか、分母の自己資本を減らすしかありません。自己株式を取得すれば自己資本が小さくなりますからＲＯＥの値が上がるのです。

　さらによいことには、自己株式の取得は市場から株を買い取るオペレーションですから、経済の理論に従えば、市場での株の供給が少なくなれば株価は上がります。また、市場に出まわる株数が減るので企業の配当金負担が減り、相対的に１株当たりの価値が上がります。

　自己株式を取得すれば、ＲＯＥは上がり、株価は上がり、１株当たりの価値も上がります。 株主にとってはよいことずくめです。これが自己株式の取得が株主への還元といわれるゆえんです。

　最後にアマゾンとイオンの売上高の推移を**図表3-16**に示しておきます。**アマゾンはこの５年ほどの間に売上が３倍以上になっています。**

図表3-16　アマゾンとイオンの売上高推移

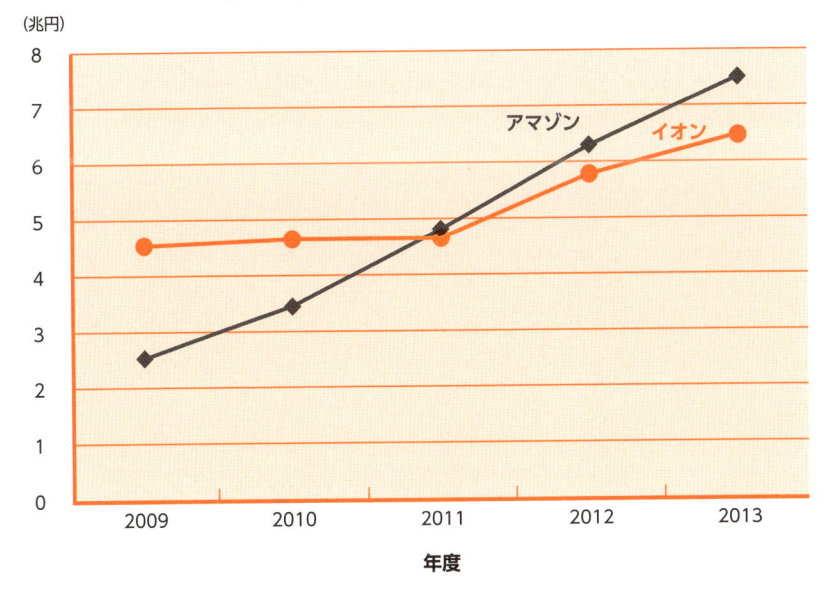

年度	アマゾン（兆円）	イオン（兆円）
2009	2.6	4.6
2010	3.5	4.7
2011	4.9	4.7
2012	6.4	5.9
2013	7.6	6.6

売上高7兆円規模の会社がこのスピードで躍進しているのです。まさに末恐ろしい会社です。
　以上のように、財務3表を見れば会社の状態や戦略が見えてきます。読者のみなさんも気になる会社の財務諸表を分析してみてください。

PART 4

会計を現場で使うための基本的な考え方を学ぼう

ビジネスは数字で管理されています。逆に数字化することで初めて見えてくることもあります。PART 4では、会計の専門家ではない人がビジネスを数字で把握するために知っておくべき項目（管理会計、損益分岐点分析、事業再生、企業価値評価など）について基本的な考え方を学んでおきましょう。

PART 4-01

財務会計と管理会計はそもそも何が違うのか？

　PART3までで学んできたのは「財務会計」という分野の話でした。財務会計とは、事業の実態を数字で把握して人に伝えるための会計のことです。企業の経営者にとって財務会計はきわめて重要ですし、マネジャークラス以上の人であれば財務会計の知識がないと将来困ることも出てくるでしょう。ただ、会計の専門家ではない一般のビジネスパーソンが仕事の現場で財務会計に触れることは少ないかもしれません。

　しかし、現場のビジネスは数字で管理されています。売上とか利益といった数字は日々の仕事で必ず出てくるものです。**これから説明するのは「管理会計」といわれる会計分野の話です**。私は新入社員の頃に先輩から「会計には財務会計と管理会計がある」と言われて何のことやらさっぱりわかりませんでした。

　簡単にいえば**「財務会計」は企業の外の関係者に企業の情報を伝えるための会計で、「管理会計」は企業の内部の経営管理のための会計です**。予算を作ったり、事業別・商品別の利益を計算したり、ある商品が儲かっているかどうかを分析したりするのは、すべて管理会計の分野の話です。したがって、管理会計の種類は会社の数ほどあるといっても過言ではありません。ただ、ここでは管理会計における基本的な考え方を学んでおくことにしましょう。

「変動費」「固定費」という考え方

　管理会計は経営管理のための会計であり、分析したり代替案を作った

りシミュレーションをしたりすることが重要な機能になってきます。そのためには会計の仕組みがシンプルで使い勝手がよくなければなりません。

　利益は収益から費用を差し引いて計算しますが、財務会計の世界では費用は5つの種類がありました。売上原価、販売費及び一般管理費、営業外費用、特別損失、法人税等の5つです。これらの費用の中身もさまざまなものがあります。管理会計ではこれらの費用を「変動費」と「固定費」という2つに分類して考えます。

「変動費」とは売上の増減に比例して変化する費用のことで、「固定費」とは売上の増減に比例せず一定的に発生する費用のことです。 例えば、小売業における売上原価は売上の増減に比例します。売上を増やそうとすれば、販売するための商品もたくさん仕入れなければなりません。一方で建物の賃借料などは売上の増減には関係なく一定額発生するものです。多少売上が増えたからといって、そのつど会社の建物を大きくしたりはしません。さまざまな費用を変動費と固定費に分ければ、利益計算やシミュレーションがしやすくなります。

　簡単な例を使って説明しましょう。**図表4-1**をご覧ください。財務会計で使うＰＬの売上高から営業利益までを示しています。売上原価

図表4-1　財務会計のPL

（単位：万円）

売上高	100
売上原価	60：すべて変動費
販売費及び一般管理費	30：変動費20、固定費10
営業利益	10

は完全に売上高に比例する変動費と考えてください。販売費及び一般管理費の30万円のうちの20万円が変動費、10万円が固定費だと考えてください。

このＰＬを変動費と固定費という概念を使って組み替えると、**図表4-2**のようになります。変動費の80万円は**図表4-1**の中の売上原価の60万円と販売費及び一般管理費30万円の中の変動費分20万円の合計です。

図表4-2の中の「変動費」と「売上高－変動費」の右端に書いている％数字は売上高に対するパーセントです。このように「変動費」と「固定費」という概念を使えば利益計算のシミュレーションが簡単にできます。「変動費」は売上高に比例するので、売上高に対して常に80％、「売上高－変動費」は売上高に対して常に20％ということです。もし、売上高が1割増えて110万円になれば「売上高－変動費」は売上高に対してその20％の22万円になります。固定費は常に10万円ですから営業利益は12万円になります。このことを**図表4-3**で確認してみてください。

この考え方を使えば営業利益が「0」、つまり赤字に転落しないため

図表4-2　組み替え後のPL

(単位：万円)

売上高	100
変動費	80：80％
売上高－変動費	20：20％
固定費	10
営業利益	10

図表4-3　売上高が10％アップした場合のPL

(単位：万円)

売上高	110
変動費	88：80％
売上高－変動費	22：20％
固定費	10
営業利益	12

には最低どれだけの売上高を確保しなければならないかも簡単に計算できます。「売上高－変動費」は売上高に対して常に20％ということですから、暗算でも簡単に計算できます。必要な売上高は50万円です。図表4-4で確認してみてください。

　なぜ暗算でも計算できるかといえば、「売上高－変動費」がこの商売から稼ぎ出される利益ですから、この利益で固定費が賄えればよいのです。

図表4-4　営業利益が「0」になる場合のPL

(単位：万円)

売上高	50
変動費	40：50×80％
売上高－変動費	10：50×20％
固定費	10
営業利益	0

「貢献利益率」を使って売上高を計算する

　実はこの「売上高－変動費」のことを「貢献利益」といいます。固定費を回収して営業利益を稼ぎ出すために貢献する利益だからです。売上高に対する「貢献利益」の比率を「貢献利益率」といいますが、この貢献利益率を使えば、営業利益が「0」になるときの売上高は次のような簡単な式で求められることがわかります。つまり、売上高×貢献利益率で計算できる貢献利益で固定費を賄えればいいのです。

$$売上高 \times 貢献利益率（20\%） = 固定費（10万円） \quad \cdots\cdots ①$$

　この式①から必要な売上高を求めようと思えば、式①の「貢献利益率（20％）」を移項するだけですね。

$$売上高 = \frac{固定費（10万円）}{貢献利益率（20\%）} \quad \cdots\cdots ②$$

　さらにこの考え方を使えば、目標とする営業利益をあげるための売上高も簡単に計算できます。貢献利益によって固定費と目標とする営業利益が賄えればよいのです。例えば、目標とする営業利益が30万円であれば、式①と同じように次の式③が成り立ちます。

$$売上高 \times 貢献利益率（20\%） \\ = 固定費（10万円） + 営業利益（30万円） \quad \cdots\cdots ③$$

この式③から必要な売上高を求めようとすれば、式③の「貢献利益率（20％）」を次のように移項するだけですね。

$$売上高 = \frac{固定費（10万円）+ 営業利益（30万円）}{貢献利益率（20％）} \quad \cdots\cdots ④$$

　これを計算すると、30万円の営業利益を稼ぎ出すのに必要な売上高は200万円ということになります。実際のＰＬで確認しておきましょう。**図表4-5**です。

図表4-5　営業利益が30万円になる場合のPL

（単位：万円）

売上高	200
変動費	160：200×80％
売上高－変動費	40：200×20％
固定費	10
営業利益	30

CVP分析とは何か

　前ページの式④はきわめて汎用性の高い式です。この式④を数学的に表しておきましょう。売上高をV、固定費をC、利益をP、貢献利益率をMとすると、式④は次のような数式になります。

$$V = \frac{C+P}{M} \quad \cdots\cdots ⑤$$

　この式を使えばいろんなシミュレーションができます。例えば、**もう少し利益を多く出したいときはどれだけの売上高が必要**だとか、**従業員が増えて固定費が膨らんだ場合はどうなるか**といったことが簡単な計算で求められるわけです。

　実はこの分析方法を**CVP分析**といいます。費用（Cost）、売上高（Sales Volume）、利益（Profit）の頭文字をとっているわけです。

PART 4-02

損益分岐点分析とは何か?

　この「変動費」と「固定費」という考え方がわかれば、損益分岐点分析も簡単に理解できます。会計の専門家ではない人でも「損益分岐点」という言葉を聞いたことがあるのではないかと思います。管理会計の入門書を読むと**図表4-6**のような図がよく出てきます。この図を一目見て理解するのはなかなか難しく、私も新入社員の頃はわかったようでわかっていない時期が長く続きました。

図表4-6　損益分岐点分析図

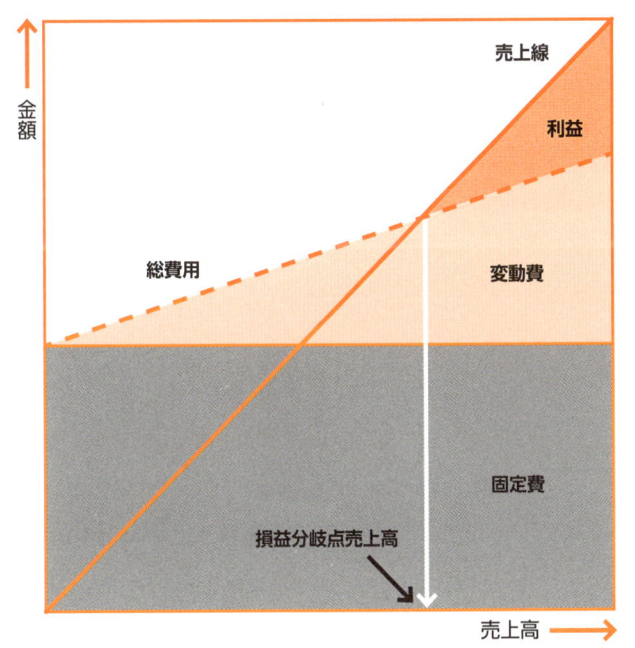

PART4 ● 会計を現場で使うための基本的な考え方を学ぼう　151

ただ、この図は「変動費」と「固定費」という考え方を使って順序立てて勉強すれば簡単に理解できます。**図表4-7**を見ながら順番に説明していきます。

　損益分岐点の図の横軸は売上高、縦軸は売上高や費用の金額をとっています。まず①の図から見てください。固定費とは売上の増減に比例せず一定額発生する費用のことでした。固定費は売上の増減には関係なく金額が一定なのですから、図①に示すようになります。

　次にこの固定費に変動費を加えていきましょう。変動費とは売上の増減に比例して変化する費用のことでした。変動費は売上高に比例して増えていきますので、図②のようになります。固定費の上に変動費を上乗せするように作図しましたから、固定費と変動費を足した線が総費用を表します。

　図②に売上高の線を書き込んだのが図③です。横軸の売上高と縦軸に示される売上高の金額は当然比例しますから、売上線は45度の傾きになっています。**売上高の線より総費用の線のほうが上にあれば赤字、売上高の線が総費用の線を超えると黒字になります。この売上高の線と総費用の線が交差するところ、つまり赤字から黒字に損益が分岐するところが損益分岐点であり、損益が分岐するときの売上高を「損益分岐点売上高」と呼びます。**

　損益分岐点分析をするときに「限界利益」という言葉が出てきます。図④は図③の中の固定費をなくし、変動費を下まで降ろしたものです。**「限界利益」というのは図④に示すように売上高と変動費の差のことです。**

「貢献利益」と「限界利益」の違いは何か

　ここで読者のみなさんは疑問が出てきたのではないでしょうか。先ほ

ど「貢献利益」の説明をしましたが、貢献利益の計算式がまさに「売上高−変動費」でした。限界利益と貢献利益は同じものなのでしょうか。計算式が同じですから大きな枠組みからいえば同じものともいえるのですが、限界利益についてはもう少し説明しておきましょう。

限界利益の「限界」という意味は「もうこれで限界だ」というような

図表4-7　損益分岐点を順序立てて理解する

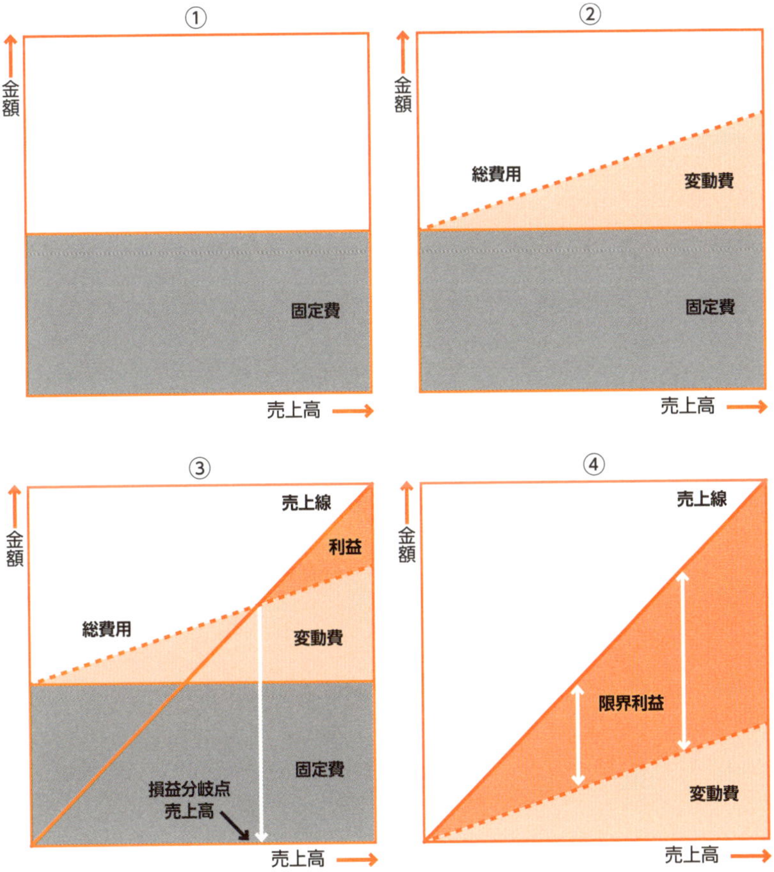

① 金額／固定費／売上高

② 金額／総費用／変動費／固定費／売上高

③ 金額／売上線／利益／総費用／変動費／固定費／損益分岐点売上高／売上高

④ 金額／売上線／限界利益／変動費／売上高

ときに使う限界の意味ではありません。**限界利益の限界は「1単位追加して増えるごとに」という意味です**。実は限界利益という考え方は経済学の限界効用（Marginal utility）からきています。つまり、限界利益とは「売上が1単位追加して増えるごとに増加する利益」という意味なのです。

ですから限界利益という言葉は具体的な商品を対象として考えるときなどに使われます。例えば、1箱1000円の商品の変動費が600円の場合に、「1箱400円の限界利益がある」というような言い方をします。限界利益という言葉は、**商品が1単位追加して売れたときにどれだけ利益が増えるか**といった意味で使われるのです。

どのようなビジネスであれ経営管理が行われています。経営管理の基本は計画と進捗管理です。どの会社も数字でビジネスを管理しています。ただ、世の中は変化します。予期せぬ競合が出てくれば、それに対抗するために広告宣伝費用が増えるかもしれません。そうすれば利益の構造も変わります。

会社では、日々変わる状況に合わせて計画を作り直し、それを実践し、結果を分析してまた新しい計画を作り直すという行動が繰り返されます。特に新入社員のみなさんは、これまで説明してきた管理会計の基礎知識をしっかり身につけておいてください。

PART 4-03

会社を立て直すには
どのような順番で
手を打てばよいのか？

　日々のビジネスの基本は計画と進捗管理です。しかし、計画と進捗管理だけではどうにもならないくらいにビジネスが危機的な状況に陥る場合があります。そのような場合は、事業全体を視野に入れて抜本的な対策を講じなければなりません。**事業の再生計画を考える場合などに財務会計の知識が役に立ちます。**

　ここでまた財務会計の話に戻ります。財務会計は事業全体のプロセスを数字で把握し関係者に伝えるための会計です。財務3表には事業全体が表されています。ですから、財務3表を見ながら事業再生案を考えれば、自分が考えていることが事業全休の中でどこに位置付けられているか、またどのような手順で何から事を進めていけばよいかなどが頭の中で整理できます。

　図表4-8をご覧ください。事業の調子が悪くなっているということは、端的にいえば利益が出せなくなっていることです。**まず手を打つのはＰＬの項目です。**利益を増やすためには、売上を増やすか費用を減らすかしかありません。ただ、ＰＬの項目のほとんどは日々の経営管理の範疇です。日々行っている仕事のほとんどは、売上を増やすか費用を減らすための活動です。

　事業を抜本的に立て直すといった場合は、日々の活動を超えた領域について検討が行われメスが入ります。まずは人件費の削減です。業種にもよりますが、一般的にいってＰＬの費用項目の中で大きな部分を占めるのが人件費です。事業が危機的状況に陥っている場合、人件費に手をつけなければどうにもならないことがよくあります。

図表4-8　財務会計の図を使って事業再生案を考える

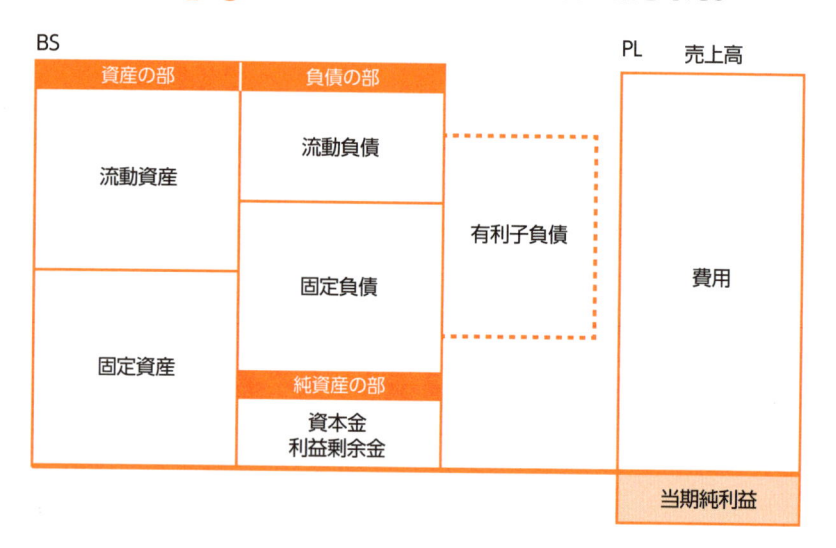

BS		
資産の部	負債の部	
流動資産	流動負債	有利子負債
固定資産	固定負債	
	純資産の部	
	資本金 利益剰余金	

PL
- 売上高
- 費用
- 当期純利益

　後ほど説明しますが、事業を抜本的に再生するには金融機関に借金の返済免除や返済スケジュールの見直し（リスケ：Rescheduling）をお願いする場合があります。会社の外部の人に無理をお願いする場合は、まずは社内でできる限りのことをしていなければなりません。ですから、事業再生のプロセスはまずは企業の内部、つまり経営陣の入れ替えや役員報酬の大幅削減、人員削減や給料カットといったところからスタートするのです。

BSを見ながら事業再生計画を考える

　ＰＬの次はＢＳです。ＢＳの流動資産と流動負債を調整してキャッシュフローを改善する努力をします。ＰＬの赤字を黒字にすることも大切ですが、一番大切なのは営業キャッシュフローをプラスにすることです。

ＢＳの流動資産と流動負債を調整してキャッシュフローを改善する主要な方法は３つあります。**売掛金の回収期間を短くすること、買掛金の支払期間を長くすること、そして在庫を減らすこと**です。売掛金の回収期間を短くすれば、それだけ現金が早く入ってきます。逆に買掛金の支払い期間を長くすれば、現金が出ていくタイミングを遅らせることができます。在庫を可能な限り少なくすれば、在庫商品や在庫原料を購入するお金を少なくすることができます。

　読者のみなさんは間接法ＣＳを勉強してこられましたから、上記の説明は間接法ＣＳの復習にもなりますね。間接法ＣＳの営業キャッシュフローの項目を見れば、売上債権が増加すればキャッシュはマイナス、仕入債務が増加すればキャッシュはプラス、棚卸資産が増加すればキャッシュはマイナスでした。ということはキャッシュをプラスにしようと思えば、売上債権の減少、仕入債務の増加、棚卸資産の減少があればよいわけです。

　キャッシュフローの改善を図ったら、次はＢＳの左側の資産削減です。売却できる資産は可能な限り売却します。資産が売却できれば、その売却代金で借金が返済できます。借金が減ればその後の支払利息も減っていきます。資産の売却だけでなく不採算部門の分社化や売却も視野に入れる場合もあります。

　最後がＢＳの右側の負債の削減です。経営危機にあるといわれる会社の中には、かろうじて営業キャッシュフローはプラスなのに、財務キャッシュフローが大幅なマイナスであるために苦しんでいる会社が少なくありません。つまり、過去に莫大な借金をして投資をしたものの、それがうまくいっていないような場合です。

　ただ、「借金の返済が大変なので借金を棒引きしてください」と言って、それに応えてくれる金融機関などありません。借りたものは必ず返さな

ければならないのです。

　まず金融機関にお願いするのは債務返済スケジュールの見直し（リスケ）でしょう。例えば5年で返済する約束で借りたお金を10年かけて返済すればよいことになれば、利息のことを考えなければ元金部分の年間の返済額は基本的に半分になります。

　このように、財務会計の知識があれば、事業全体を視野に入れながら打つべき手を考えていけるわけです。

PART 4-04

会社の値段はどのように計算されるのか？

　近年、日本でもM＆Aが盛んに行われるようになってきました。M＆AはMerger and Acquisitionの略で、日本語に直訳すれば、企業の合併（Merger）と買収（Acquisition）ということになります。

　M＆Aが行われるときに企業の値段はどのように決められるのでしょうか。商品を買うのと同じように、その企業が保有している土地や建物や機械装置などの価値で会社の値段が決まると思っている人がいるかもしれません。では、資産をほとんど持っていない、賃貸ビルに人だけが集まってビジネスを行っている会社が莫大な利益を出しているような場合に、この会社の値段はどのように計算すればよいのでしょうか。人間の価値はＢＳには表れません。

　実は会社の値段を計算する方法は、その目的によっていくつもあります。「清算価値方式」といって、その会社が保有している土地や建物や機械装置などの資産を売却して清算すれば、どれくらいのお金が残るかという計算方法があります。

　また、PART1で勉強したようにＢＳの純資産の部は会社の正味財産、つまり会社の正味の価値を表します。このＢＳの純資産の部の金額をベースにして会社の値段を計算する「純資産方式」という方法もあります。

　欧米ではM＆Aが盛んですから、会社が過去に売買されたときのデータが豊富にそろっています。M＆Aの対象になっている会社と同じ種類の会社が過去にどれくらいの値段で売買されたかという数値と比較して、会社の値段を決める場合もあります。

　M＆Aの対象となる会社が上場企業であれば、会社の値段は比較的簡

単に決まります。その時点の株価×発行済み株式数が会社の値段ということになります。

では、上場していない会社の値段はどうやって決めればよいのでしょうか。会社の1つの事業部門だけを買収する場合は、値段の決め方はもっと難しそうです。さらにいえば、現時点では立派な設備を持って隆々としているが、市場環境の大きな変化からその会社が作っている商品が全く売れなくなることが確実な会社の値段はどう決めればよいのでしょうか。逆に、これまでは赤字続きだったが、最近開発された商品が爆発的に売れることがほぼ間違いない会社の値段はどう計算すればよいのでしょうか。

DCF法で会社の値段を計算する

現在、会社の値段を計算するためのベースになっているのが「DCF（Discounted Cash Flow）法」です。つまり、M&Aの対象となる会社が将来生み出すであろうキャッシュフローの額をベースに計算するという方法です。

読者のみなさんは本書でキャッシュフローについて学んできましたから、何も恐れることはありませんね。Discountedという言葉が付いているのは、将来のキャッシュフローの価値を現在の価値に換算して計算するからです。

例えば、100万円を金利1％の定期預金に預ければ、現在の100万円は1年後には101万円になりますね。ということはこの事例の場合、1年後の101万円は現在の100万円と同じ価値ということになります。Discountedというのは、将来会社が生み出すキャッシュフローを現在の価値に換算して計算するという意味なのです。

もっと詳しい内容を知りたい方は拙著『財務3表実践活用法』（朝日新書）をお読みいただくのがよいと思いますが、本書で理解しておいていただきたいのは、**会社の値段はその会社が将来生み出すであろうキャッシュフローを現在価値に換算して計算するのが基本**であるということです。

　実は、設備投資をする場合の投資評価もキャッシュフローをベースに行われます。投資効果を計算する方法はいくつもありますが、その基本となる考え方は計算方法が違ってもすべて同じです。計算しているのは、現在の投資キャッシュフローに対して将来どれだけのキャッシュフローが生み出されるかということだけなのです。

　ビジネスの世界ではさまざまなことがキャッシュフローをベースに計算されたり評価されたりします。キャッシュフローの重要性をよく認識しておいてください。

PART 4-05

「売上」と「利益」だけでは なぜダメなのか？

　多くの会社が「売上」と「利益」を目標にして仕事をしています。どの会社も事業年度の初めに「売上」と「利益」の数値目標を明確にして、それらの進捗管理を日々行っていると思います。

　多くの人が集まる組織では「目標」を明確にすることがきわめて重要です。人はそれぞれに考え方も価値観も違いますから、具体的な目標がなければどこに向かって進んでいいのかわからなくなります。目標は従業員のエネルギーを結集するためになくてはならないものです。

　しかし、**常に意識しておかなければならないのは、「売上」と「利益」という視点だけでなく、「投資」と「リターン」という視点**です。レベルの高いビジネスパーソンとそうでない人の違いは、ビジネスを「投資」と「リターン」で見ているか、「売上」と「利益」で見ているかの違いにあります。

　視野と視点が違うのです。これまで勉強してきたように、「売上」と「利益」というのは事業全体のプロセスの中ではＰＬの範囲内の内容です。**事業全体のプロセスは「お金を集めて」「何かに投資し」「利益をあげる」という３つの活動から成り立っています。**

　例えば、郊外型の薬局の店長さんを思い浮かべてください。ふつうの店長さんは、利益をあげるために広告宣伝をしたり電気代を節約したりといったＰＬの世界の中でしかものを考えません。しかし、仕事ができる店長さんは、利益があがらない１つの理由を駐車場が狭いせいだと考えるかもしれません。その駐車場は近くの空き地を借りるのか、はたまた購入するのかといったように、ビジネスを「投資」と「リターン」

で考えます。

　営業の人やエンジニアの人が財務会計を勉強したからといって、すぐさま日々の営業成績があがったり設計の効率がよくなったりすることはないでしょう。しかし、ビジネスの視野を広めたり、視点を高めたりする道具としては、財務会計の知識はとても役立ちます。私は**会計の専門家ではない人が財務会計を勉強することの一番のメリットは、ビジネスを見る視野を広め視点を高くすること**だと思っています。

ビジネスにおいて本当に大切なことは何か

　もう1つ、「売上」と「利益」の目標を持つだけでは会社がうまくいかない理由を説明しておきたいと思います。

　実は、**会社は「売上」をコントロールできません**。「売上」をコントロールするのはお客様です。会社がお客様にお願いしようがお客様を恫喝しようが、お客様は要らないものは買わないのです。

　売上目標とか利益目標というのは会社側の都合です。お客様は会社の都合などには全く関心がありません。お客様の関心はお客様自身です。つまり、会社が販売する商品やサービスは自分にとってメリットがあるかどうかだけなのです。

　では、会社が大切にしなければならないことは何でしょうか。会社が大切にしなければならないのは、目標ではなく目的です。**自分の会社は「どのお客様にどのように貢献するのか」という会社の存在意義です**。どの会社も万人のお役には立てません。対象を絞らなければエネルギーも集中できず、特徴も生み出せません。特徴のない会社は極端にいえばなくてもいい会社です。他の会社が代わりをやってくれます。

　個人も組織も社会の一物です。この社会を構成する個人や組織がそれ

それの担当分野で社会に貢献することで、現在の豊かな社会が出来上がっています。社会の一員として個人や組織がまず考えなければならないのは、「私たちはどのようにこの社会に貢献するのか」ということなのです。この答えが明確であり、特徴を持ってそれを実践している会社は社会が放っておきません。存在の意義があるからです。そのような会社の売上と利益はおのずと増えていきます。当たり前のことです。

本書の最後の最後になって会計とは直接関係ない話をして恐縮ですが、上述した考え方はピーター・F・ドラッカー先生の受け売りです。私はドラッカー経営大学院でＭＢＡを取得しました。世の中でうまくいっている会社は、ドラッカー先生と同じ考え方で事業を運営している場合が少なくありません。ユニクロもグーグルもＰ＆Ｇも、みんなそうです。

社会という人が集まるところで生きていくには、基本となる考え方があります。松下幸之助さんの考え方も稲盛和夫さんの考え方も、基本的にはドラッカー先生の考え方と同じだと思います。**この基本となる考え方を踏み外していると、いくら努力しようがいくら頑張ろうがうまくいきません。**

多くのみなさんに基本となる考え方をまず身につけていただきたいと思います。基本にもとづいてビジネスを行うようになれば、本書で勉強していただいた会計の知識がより効果的に現場で活かされると思います。

あとがき

　最後までお読みいただきありがとうございました。会計の全体像とその基本的な仕組みがご理解いただけたでしょうか。

　私はいつも物事の全体像とその本質が気になります。ビジネスにおいても会計においてもそうです。本書もそういう観点から、複式簿記会計の全体像とその本質について私なりに解説させていただきました。

　私たち会計の専門家ではない人間が会計に対する苦手意識やアレルギーをなくすためには、会計の細部から入って全体像を理解していくといういままでの会計の勉強法ではなく、まず会計の全体像をつかみ、会計の基本的な仕組みだけをキッチリ押さえる勉強法のほうが有効だと思います。

　経理部門で働く人は自分でＰＬやＢＳを作らなければなりませんから、ＰＬとＢＳを作るためのルールである簿記・仕訳の知識は不可欠でしょう。しかし、**私たちは財務諸表を作る必要はありません。財務諸表が読めればいいだけです**。財務諸表から企業の事業実態が把握できさえすればいいのです。そういう人たちにとって大切なのは、簿記・仕訳の細かいルールではなく、会計の全体像と基本的な仕組みを理解することです。

　実は、これから会計の専門家を目指す人たちにとっても、最初に会計の全体像と基本的な仕組みを理解することは大きなメリットがあります。私の会計研修を受講してくださった方の中には「簿記・仕訳を勉強する前に、財務３表のつながりといった会計の全体像がわかっていれば、簿記・仕訳の勉強がもっとスムーズに進んでいただろう」と言われる方が少なくありません。

私は簿記・仕訳の細かいルールはほとんど知りません。でも、この本の中に書いてある会計の知識だけで、財務諸表から会社のおおよその事業実態をつかみ、Ｍ＆Ａの交渉を行い、事業再生のお手伝いをしてきました。

**　全く会計の知識がなかった人でも、本書で得た知識さえあれば、これから会計分野で恥ずかしい思いをすることはなくなるでしょう。**むしろ、自信を持って会計の専門家たちとも会計の話ができるようになると思います。

　ただ、本書で説明したのは私が提案する会計勉強法の基本です。減損会計、時価会計、税効果会計といった新会計基準や、連結決算や投資評価の具体的な方法などについてはいっさい説明していません。もう少し深く勉強したいと思われる方は、拙著『財務３表一体理解法』『財務３表一体分析法』『財務３表実践活用法』（いずれも朝日新書）の３部作をお読みいただければと存じます。

　逆に、みなさんの周りに全く会計のことを知らない、つまり「ＰＬとかＢＳという言葉さえ聞いたことがない」という人がおられれば、本書と同じダイヤモンド社から出版されている『ストーリーでわかる財務３表超入門』という本が役立つと思います。私の中では、『ストーリーでわかる財務３表超入門』と本書『図解「財務３表のつながり」でわかる会計の基本』は姉妹編の位置付けです。前者が財務３表を一体にして勉強する超入門編、後者が入門編です。

　最後の最後になりましたが、本書の出版に際してはダイヤモンド社書籍編集局第二編集部の小川敦行編集長に大変お世話になりました。また、2007年に本書の初版を世に出してくださったのは当時の石田哲哉編集長（現在、雑誌編集局長）でした。このお二人の他にも、校正、デザイ

ン、ＤＴＰなど、本書の出版に尽力してくださった方々がたくさんおられます。この場を借りて関係各位に心より御礼申し上げます。
　本書が会計の理解に苦しむ多くのみなさんのお役に立つことを心から願っております。

國貞克則

[著者]

國貞克則（くにさだ・かつのり）

ボナ・ヴィータ コーポレーション代表取締役。
1961年生まれ。東北大学工学部卒業後、神戸製鋼所入社。海外プラント輸出、人事、企画などを経て、96年米クレアモント大学ピーター・ドラッカー経営大学院でMBA取得。2001年ボナ・ヴィータ コーポレーションを設立。ドラッカー経営学導入を中心にしたコンサルティングと、日経ビジネススクールなどで会計の講義を行っている。
主な著書に『財務3表一体理解法』（朝日新書）、『ストーリーでわかる財務3表超入門』（ダイヤモンド社）、『究極のドラッカー』（角川新書）、『The Trilateral Approach：グローバルに働く人の英文会計』（ボナ・ヴィータ コーポレーション）、訳書に『財務マネジメントの基本と原則』（東洋経済新報社）などがある。

＊本書は2007年に小社より刊行された『超図解「財務3表のつながり」で見えてくる会計の勘所』の増補改訂版です。

図解「財務3表のつながり」でわかる会計の基本

2014年8月28日　第1刷発行
2017年3月24日　第5刷発行

著　者——國貞克則
発行所——ダイヤモンド社
　　　　　〒150-8409　東京都渋谷区神宮前6-12-17
　　　　　http://www.diamond.co.jp/
　　　　　電話／03・5778・7234（編集）03・5778・7240（販売）
ブックデザイン——萩原弦一郎　橋本雪（デジカル）
製作進行——ダイヤモンド・グラフィック社
印刷————勇進印刷（本文）・加藤文明社（カバー）
製本————ブックアート
編集担当——小川敦行

©2014 Katsunori Kunisada
ISBN 978-4-478-02829-2
落丁・乱丁本はお手数ですが小社営業局宛にお送りください。送料小社負担にてお取替えいたします。但し、古書店で購入されたものについてはお取替えできません。
無断転載・複製を禁ず
Printed in Japan